Conexión de Vida
Aplicaciones prácticas para necesidades diarias

Libro de trabajo

Cómo obtener
respuesta
a tus
Oraciones

Tu plan de acción espiritual para 10 días

Por Kenneth and Gloria
Copeland

A menos que se indique lo contrario, las citas bíblicas fueron tomadas de la versión *Reina Valera 1960*.

Las citas marcadas con las siglas *AMP* son traducciones libres de *The Amplified Bible*.

Este material fue tomado de: La revista, La voz de victoria del creyente; de los libros: *Fight On!, Escuchando del cielo, One Word From God Can Change Your Prayer Life, Oración: Su fundamento para el éxito, Walk With God*, cartas a los colaboradores de Kenneth Copeland, es.kcm.org; así como también, de contenido y planes de acción creados recientemente inspirados por todos estos recursos.

Cómo obtener respuesta a tus oraciones: Tu plan de acción espiritual para 10 días

How to Get Your Prayers Answered: Your 10-Day Spiritual Action Plan

ISBN 978-1-60463-243-9   30-3030S

18 17 16 15 14 13   6 5 4 3 2 1

Traducido y editado por KCM Guatemala

Si deseas obtener la respuesta de tus oraciones, ésta es una **Guía práctica** que puedes seguir…

La oración de petición

Por Kenneth Copeland

«Y esta es la confianza que tenemos en él, que si pedimos alguna cosa conforme a su voluntad, él nos oye. Y si sabemos que él nos oye en cualquiera cosa que pidamos, sabemos que tenemos las peticiones que le hayamos hecho» (1 Juan 5:14-15).

La clave para obtener la respuesta de tus oraciones es la siguiente: Asegúrate de orar conforme a la voluntad de Dios. La palabra **petición** en el versículo anterior es sumamente importante. Y se define como: "Una petición formal escrita, dirigida a un soberano superior para obtener un derecho particular o gracia". Puedes estructurar una petición de la siguiente forma, basado en la voluntad de Dios, una petición que será respondida:

1. Acuda a la PALABRA escrita de Dios.

Busca escrituras relacionadas a tu situación, y conviértelas en el fundamento de tu petición. Sé específico.

2. Consulta con el Espíritu Santo.

Manténte en comunión con el Espíritu Santo, y permíte que te ayude a desarrollar tu petición con detalle. Ora en el espíritu (Romanos 8:26-27).

3. Escribe tu petición.

En los espacios en blanco, escribe los versículos que encuentres y que se apliquen a tu situación para que tu petición esté cimentada en la PALABRA.

4. Fundamenta tu oración en Sus promesas.

Con las promesas de Dios frente a ti, ora la **respuesta**. Declara esas promesas bíblicas, sobre tu situación.

5. Tenga confianza.

Tú puedes confiar en que Dios responderá tu oración, pues está fundamentada en lo que Él te declaró de manera directa.

6. Alabe a Dios por la respuesta.

En Salmos 8:2 y en Mateo 21:16, leemos que la alabanza hace callar al enemigo y al vengador. Y que limpia el canal entre tú y Dios, a fin de que puedas ¡recibir de Él!

Promesas de Dios para mi vida:

_____

_____

_____

_____

_____

_____

_____

_____

_____

_____

_____

_____

_____

_____

_____

_____

_____

_____

_____

_____

_____

_____

_____

_____

Encontrarás escrituras, oraciones bíblicas y confesiones al anverso de este libro.

Conexión

Índice

Cómo usar
tu kit de conexión de vida

Cómo usar
tu kit de conexión de vida

Creemos que este *plan de acción espiritual para 10 días: Cómo obtener respuesta a tus oraciones,* cambiará tu manera de vivir. A medida que invites al Señor a cada área de tu vida, no sólo serás más consciente de que tienes una comunicación viva con Él; sino también lo verás actuar a tu favor a causa de esa comunión. Para cumplir ese propósito, nosotros hemos creado uno de los recursos más transcendentales que los Ministerios Kenneth Copeland han desarrollado en este tema, el cual abarca: todo en uno. A continuación, te presentamos algunos consejos prácticos que te ayudarán a sacarle el máximo provecho a este kit:

- Comprométete a hacer de los próximos 10 días, días para renovar tu mente. Haz a un lado cualquier distracción, y prepárate para realizar los ajustes necesarios en tu vida; a fin de que tú aprendas al máximo.
- Este plan debería ser de bendición, no una carga. Si te retrasas un día o no alcanzas tu meta de lectura diaria; sólo empieza de nuevo donde te quedaste. De ser necesario, puedes ser flexible con este kit; a fin de que puedas asegurarte de llegar a terminarlo. Si sólo dispones de media hora al día, está bien, ¡estúdialo media hora! Puede que te tome más tiempo completar el kit, sin embargo, puedes estar seguro que los días que invertirás serán los que más cambios le darán a tu vida.
- Utiliza el libro de trabajo de este kit como tu punto de inicio cada día, con el propósito de que se convierta en su guía de lectura y libreta de notas. Antes de que te des cuenta, tu vida estará saturada de la Palabra de Dios como nunca antes.
- Te recomendamos que:

> **Leas y tomes notas** en la mañana
> **Medites** en las Escrituras todo el día
> **Leas y tomes notas** de nuevo por
> la noche

Recuerda, la meta es hacer un poco cada día. La mejor medicina es la dosis constante.

- ¡Éste es un libro de práctica! Ten un bolígrafo a la mano para subrayar y tomar notas.
- Comprométete por completo con el material. Escribe en tu libro de trabajo, declara las Escrituras, repite las oraciones, y dedica tiempo a diario para disfrutar el material.
- Aparta un tiempo específico para tu estudio y enfócate. Haz tu mejor esfuerzo para quitar las distracciones, y encuentra un lugar tranquilo.

¡Tú estás más cerca que nunca de desarrollar una vida eficaz de oración, y obtener respuestas a tus oraciones! Dios te ama y está ahí *para ti*. Estamos contigo, y recuerda que ¡Jesús es el Señor!

Capítulo uno
El llamado a la oración

Hoy, aprenderás:

¿Qué es la oración?

¿Qué papel juega la oración en tu relación con los demás creyentes?

¿Cómo puedes encontrar la forma de llegar confiadamente ante el trono de la gracia?

¿Cómo puedes convertir un hábito en una adicción?

Pasos que debes dar, a fin de hacer de la oración una prioridad en tu vida.

Tu conexión
por la mañana

El objetivo de la oración
Por Kenneth Copeland

Cuando inicié mi ministerio, aprendí una importante lección: La oración debe respaldar todo lo que hacemos si queremos tener éxito. La oración efectiva es la clave para el éxito en cada área de la vida.

El objetivo que debes perseguir cuando oras, es que tu oración sea efectiva. Jesús es el ejemplo perfecto de alguien que sabe cómo orar y obtener el resultado deseado. Él pasaba horas apartado de la gente, orando y teniendo comunión con Su Padre celestial. El tiempo que Jesús invirtió en oración, lo preparó para ministrar de forma efectiva.

Como creyente, puedes obtener el mismo resultado que Jesús obtuvo en Su ministerio terrenal —y aún más—. Jesús enseñó: «... *El que en mí cree, las obras que yo hago, él las hará también; y aun mayores hará, porque yo voy al Padre*». Hoy en día, esas **mayores obras** pueden llevarse a cabo; pero sólo por aquellos creyentes que tienen una profunda y sincera vida de oración con Dios.

Este material ha sido diseñado para fortalecer tu relación con Dios, creará en ti una consciencia de la importancia de la oración. Con un sólido fundamento de la PALABRA de Dios, comprenderás los principios básicos de la oración: El propósito de la oración, cómo orar, y cómo obtener resultados.

¿Qué es oración?

La oración es el fundamento de todo lo que cada cristiano realiza, por tanto, juega un papel muy importante en lo que respecta a vivir una vida cristiana de forma exitosa y fructífera. El tiempo que inviertas con Dios es vital para tu éxito. Estudia la vida de los grandes hombres y mujeres de Dios del pasado, y te darás cuenta del gran énfasis que ellos le daban a la oración. Sin oración, ellos nunca hubieran alcanzado esos grandes resultados.

¿Qué **es** oración exactamente?

La oración no es una liberación emocional o una válvula de escape. Es mucho más que pedirle a Dios un favor. Y lo más importante, la oración no es una actividad religiosa. Dios responde a la fe, eso no quiere decir que el Señor les escuchará sólo por repetir palabras bonitas. Jesús nos enseñó en Mateo 6:7: «*Y orando, no uséis vanas repeticiones, como los gentiles, que piensan que por su palabrería serán oídos*».

La oración es una actitud. La oración es estar en comunión y en comunicación con Dios. Tú puedes vivir con una **actitud** de oración todo el tiempo, y estar en una constante comunión con tu Padre celestial.

Es probable que argumentes: "¡Pero yo no puedo invertir todo mi tiempo orando!". ¡Por supuesto que sí! Pues en 1 Tesalonicenses 5:17, el apóstol Pablo instruyó a la iglesia a: «*Orar sin cesar*», y en Lucas 18:1, él nos indica que debemos: «*…orar siempre, y no desmayar*».

La prioridad número uno en el corazón de Dios, es invertir todos los días un tiempo de calidad con nosotros. Necesitamos escuchar Su voz, y seguir las indicaciones de Su Espíritu Santo. Para el creyente, es posible vivir en una continua comunión con Él todos días.

LA BENDICIÓN de la comunión

Mientras más tiempo te sumerjas en la presencia de Dios, más actuará y pensarás como Él. Dios ya te dio Su naturaleza, y a través de la oración obtendrás los resultados.

Jesús siempre se apartó de las personas para orar. Invertir tiempo en comunión y oración con el Padre, lo mantuvo en sintonía con el Espíritu Santo.

Tener comunión con Dios, hará que tus deseos, tus actitudes, tus acciones y tus creencias; se alineen con las de Él. Entonces cuando ores, simplemente estarás declarando Su voluntad. Serás tan consciente de la presencia de Dios que ya no le clamarás como si Él se encontrara a 148 millones de kilómetros de la Tierra, sino con la certeza de que está ahí —más cerca que un hermano— (Proverbios 18:24). Mientras más te acerques a Dios, Él se acercará más a ti (Santiago 4:8). Ningún peligro, circunstancia o problema de este mundo; podrá acercarse a ti porque ¡el Dios todopoderoso está de tu lado!

De tu comunión con Dios surgirá una fe profunda y poderosa, y confianza en Su habilidad de cumplir Sus promesas. Tu vida de oración tomará un nuevo significado.

Además de esto, la oración es de vital importancia en nuestra relación con los demás (Efesios 4:14-16). Por ejemplo, compara al Cuerpo de Cristo con una pared de ladrillo. Los ladrillos se derrumbarán si no están pegados, de manera apropiada. La mezcla une esos ladrillos, a fin de construir una pared sólida e impenetrable. Esta pared será útil, gracias a que cada elemento está cumpliendo su parte. Lo mismo ocurre con el poder del amor —a través de la oración y de la intercesión—; éste es la mezcla que une al Cuerpo de Cristo. Cada miembro —o ladrillo—, realiza lo que le corresponde, a fin de edificar el Cuerpo y fortalecerlo, a través de la oración. Si alguno está herido o débil, los otros podrán estar a su lado firmes en oración y fortalecer esa debilidad.

Confiado ante el trono

Para obtener los resultados que deseas en oración, debes estar convencido que Dios anhela responder tus oraciones. De hecho, Él está listo y dispuesto a contestarte, así como lo hizo con Jesús durante Su ministerio terrenal. Esto puede ser difícil de creer, pero es la verdad.

Recuerdo lo maravillado que estaba cuando entendí que Dios está dispuesto a contestar mis oraciones; ya que antes de eso me consideraba indigno. Me preguntaba: *¿Por qué se preocuparía Dios por contestar* **mis** *oraciones?* Desconocer Su PALABRA impedía que yo recibiera lo mejor que Dios tenía para mi vida.

Al ser consciente de la importancia que tiene la PALABRA de Dios, mi actitud cambió. Pude darme cuenta que Dios no ve a Sus hijos como indignos. Presta atención a la siguiente oración que Jesús realizó: «…*para que el mundo conozca que tú me enviaste,* **y que los has amado a ellos como también a mí me has amado**» (Juan 17:23). ¡Medite en esa verdad! Dios nos ama ¡de la misma forma que ama a Jesús! **¡Somos** dignos!

Saber que Dios está dispuesto a contestar tus oraciones, hará que tomes más en serio tu vida de oración. Debido a que eres un hijo de Dios, tienes una invitación abierta de parte de Él para acercarte al trono a cualquier hora.

Nunca tomes a la ligera el privilegio de orar. No entres ante Su presencia gateando. Puedes entrar confiadamente y pararte frente a Dios, sin ningún sentimiento de culpa, vergüenza o condenación. En Hebreos 4:16 se nos enseña: «*Acerquémonos, pues, confiadamente al trono de la gracia, para alcanzar misericordia y hallar gracia para el oportuno socorro*».

El papel que desempeña la fe

A Dios le agrada contestar nuestras oraciones. Él se manifiesta en la Tierra a través de creyentes que actúan en fe. La fe, hace que la oración sea efectiva, y a Dios le agrada la fe de las personas (Hebreos 11:6). Sin embargo, no podemos tener una fe fuerte, si antes no entablamos una comunión íntima con el Padre. La fe es el corazón de una vida de oración exitosa.

La comunión es la madre de la fe, pues sólo puedes depositar tu fe y confianza en Dios, a medida que lo vayas conociendo. Así como en cualquier otra relación, invertir tiempo en comunión con tu Padre celestial, es la única forma para familiarizarse con Él.

Poco tiempo después de haberme convertido en cristiano, le pedí a un ministro que orara por mí. Esperaba escuchar una larga y hermosa oración —¡una oración que causará que las personas se arrodillaran en arrepentimiento ante Dios!—. No obstante, la oración que escuché fue totalmente lo opuesto a lo que yo esperaba. El ministro puso su mano sobre mi pecho, inclinó su cabeza, y expresó: «Señor, bendícelo. Suple todas sus necesidades». Después se volteó y se marchó. Y yo me quedé pensando: *¿Cómo pudo hacerme eso? Tengo problemas muy grandes. Yo necesitaba que al menos que intercediera fervientemente 20 minutos para cubrir todo.*

La diferencia más grande que existía entre el ministro y yo, era el grado de fe que ambos teníamos. Él actuó en fe, y exactamente estaba orando lo que en realidad tenía en su corazón. Yo sólo era un bebé cristiano, buscando una manifestación física de algo.

La cantidad de tiempo o la fuerza con la que ores; no hace ninguna diferencia. Cuando oras con fe, obtienes la plena confianza de que es la voluntad de Dios usar Su poder; a fin de responder tu oración.

La persona que tiene su confianza en Dios, es muy difícil de derrotar. Pues sabe que a pesar de lo que está sucediendo, puede orar; y Dios actuará a su favor. La clave para obtener el éxito en la oración, es estar a la expectativa de obtener los resultados. Muchos cristianos piensan: "Oraré, y quizá algo suceda". Incluso dicen: "Estoy orando y esperando".

Si estás sólo esperando obtener resultados, nunca recibirás nada de parte de Dios. "Esperar recibir", no es lo mismo que "creer que recibes". Las promesas de Dios traen esperanza en situaciones desesperantes. Sin embargo, la esperanza no tiene sustancia por sí misma. Quizá alguien exprese: "Espero ser sano algún día". Con esperar recibir algún día, no se lograra nada. La fe hace que se vuelva realidad lo que esperas, es decir, le da sustancia. En Hebreos 11:1 se nos enseña: «*Es, pues, la fe la certeza* [la sustancia] *de lo que se espera, la convicción de lo que no se ve*».

Recibimos de Dios gracias a la fe. El creyente que actúa en fe, cree que el poder de Dios comenzó a obrar en el momento que oró.

Como creyente nacido de nuevo, posees todo lo necesario para tener éxito en esta vida. Cuando oras con fe y confianza, ¡todos los recursos del cielo se ponen a tu disposición! Determina en tu corazón que mantendrás una comunión íntima con Dios de manera consciente; a fin de que tu vida de oración se fundamente en el conocimiento personal que tengas de Dios. Y luego, ¡permite que tu viaje comience!

Fe en acción

Forja una actitud de oración en tu vida hoy.
Comprométete a tener una vida de oración constante, permaneciendo en continua comunión con Dios.

Notas:

Tu conexión por la noche

Haz de la oración una prioridad
Por Gloria Copeland

Si en estos días has tenido tus oídos atentos a la voz del Señor, de seguro Él ya te dijo algo acerca de la oración. Quizá eso mismo te impulsó a tomar este material. Dios ha estado llamándote a invertir más tiempo en oración, e instándote a que ésta sea tu máxima prioridad.

Lo sé porque Él me ha estado diciendo lo mismo. De hecho, mientras más hablo con las personas acerca de este tema, más me convenzo de que Dios está llamando a todo Su pueblo a la oración.

La razón es muy sencilla, estamos viviendo lo último de los últimos tiempos. Y Dios ya está listo para actuar a través de nosotros, de forma grandiosa y sobrenatural. Sin embargo, Él no puede hacerlo si no estamos viviendo en el espíritu. No puede obrar a través de personas que están tan ocupadas con los afanes de la carne, al punto que no pueden escuchar Su voz.

Dios necesita personas que oren —no sólo cuando se recuerden que deben hacerlo, sino todos los días—. Él necesita personas que edifiquen su vida basados por completo en la oración, y que hagan de ésta su prioridad número uno.

¿Has observado la manera en que Jesús vivió cuando estuvo en la Tierra? Él le dio una gran importancia a la oración. Su vida de oración fue absolutamente asombrosa. Una noche antes de escoger a Sus 12 discípulos, ¡Él pasó toda la noche en oración!

Ahora bien, Jesús espera que llevemos a cabo las cosas de la misma manera que Él las hizo. Él espera que sigamos Su ejemplo.

En 1 Tesalonicenses 5:17, se nos indica que debemos: *«orar si cesar».* En Efesios 3:18, leemos: *«orando en todo tiempo con toda oración y súplica en el Espíritu…».* ¡En todo el Nuevo Testamento se nos manda a orar! Y ya es hora de que hagamos nuestro trabajo. No me refiero a sólo uno o dos de nosotros, sino a todo el ejército de Dios.

En tu humanidad quizá reaccionen expresando: "Apenas tengo suficiente tiempo de solucionar todas las crisis que hay en mi vida ahora. ¡No puedo darme el lujo de invertir más tiempo en oración!". Pero la verdad es que no puedes darte el lujo de no hacerlo.

Tú necesitas comenzar a aprovechar el resultado de tu tiempo de comunión con el Padre. Cuando la oración se convierte en nuestra prioridad —al hacer a un lado las cosas naturales, y ocuparnos de las cosas de Dios, y vivir conforme al poder del Espíritu— la gloria de Dios se refleja en nosotros.

Quizá tu expreses: "Gloria, no sabes lo agitada que es mi vida. ¡No puedo invertir más tiempo en oración!".

Sí, puedes hacerlo. Sólo es cuestión de reordenar tus prioridades.

Más que suficiente

Quizá hayas actuado como yo cuando acababa de ser salva. Nadie tuvo que instarme a que pusiera la Palabra en primer lugar. Nadie tuvo que pedirme que apagara mi televisor, y que dejara a un lado el periódico. Fui yo la que perdió el interés por esas cosas, pues Kenneth y yo estábamos tan mal que necesitábamos desesperadamente la ayuda de Dios. Teníamos muchos problemas. No estábamos en el fondo del barril, sino ¡**debajo** del barril!

Sabíamos que la PALABRA de Dios era la única respuesta a nuestra desesperante situación. Entonces fue fácil para nosotros dejarlo todo, e invertir tiempo en la PALABRA, y mantener una comunión viva con Dios día y noche.

No obstante, cuando las cosas empezaron a ponerse bien, el deseo que tenía por LA PALABRA, comenzó a menguar.

Kenneth y yo habíamos pagado nuestras deudas, y comenzamos a disfrutar LA BENDICIÓN[1] de Dios. Sin embargo, sin darme cuenta, empecé a dedicarle mucho tiempo a otras cosas. No era algo pecaminoso, sólo eran cosas que disfrutaba hacer. Y sin percatarme, mi deseo por las cosas de Dios, comenzó a desaparecer. En lugar de estar más hambrienta por pasar más tiempo con Dios, empecé a disfrutar y a interesarme más por otras actividades. Esas actividades, hubieran estado bien, si las hubiera puesto en el lugar correcto; sin embargo, éstas ocuparon mucho de mi atención y de mi tiempo.

Un día de 1977, me percaté de esa situación. Asistí a una reunión de Kenneth E. Hagin, y él comenzó a profetizar. Parte de esa profecía decía que propusiéramos en nuestro corazón no ser perezosos, no retroceder, no detenernos y no quedarnos sentados, sino que nos levantáramos, avanzáramos y encendiéramos nuestro fuego.

Cuando escuché eso, pude notar que había menguado espiritualmente. Me di cuenta que me había vuelto perezosa en mi vida con Dios. Aún le dedicaba tiempo a la PALABRA, sin embargo, ya no lo hacía como antes, y tampoco tenía tanto fervor. (Siempre ocurrirá de esa manera, pues no es posible estar apasionados espiritualmente sin pasar suficiente tiempo con Dios).

El SEÑOR empezó a tratar conmigo en relación a este tema. Oré y propuse en mi corazón realizar cambios. Le pedí al SEÑOR que me mostrara qué actividades debía eliminar y qué debía llevar a cabo, a fin de simplificar mi vida.

Dios me mostró ciertas cosas que debía eliminar de mi vida, pues habían algunas que me robaban el tiempo que le dedicaba a Él. También me indicó que realizara algunas cosas, las cuales me ayudarían a retomar el hábito de dedicarle tiempo a Dios de la manera correcta.

---

[1]El Señor le indicó a Kenneth que enfatizara LA BENDICIÓN con mayúsculas cuando se refiriera a ella, y también quise hacerlo.

El Señor me instó a levantarme una hora más temprano en la mañana para pasar tiempo con Él antes de empezar mi día. Comencé a hacerlo en invierno, entonces cuando la alarma de mi reloj se activaba; y mi carne decía: "No te levantes, ¡está muy oscuro! Además, ¡hay mucho frío!". En el transcurso de las primeras semanas, mi cama se sentía tan deliciosa y acogedora; al punto que algunas mañanas, me ponía de acuerdo con mi carne para regresar a la cama a dormir.

Sin embargo, no permití que eso me detuviera. Si sentía pereza, y regresaba a dormir; me arrepentía en ese momento. Luego, sólo le pedía a Dios que me ayudara, y la siguiente mañana, ¡lo hacía de nuevo! Hasta que al final, mi cuerpo se acostumbró.

Tu cuerpo puede estar adiestrado para seguir a Dios, de la misma forma que puede estar adiestrado para seguir al diablo. En Hebreos 5:14, se nos enseña que la madurez del creyente tiene sus: "…sentidos entrenados para discernir entre el bien y el mal" (*AMP*). Si comienzas a practicar las cosas de Dios, tu cuerpo al final terminará cooperando contigo.

Levantarme más temprano fue un desafío por cierto tiempo. Sin embargo, al final, mi cuerpo aprendió que ya no recibiría más esa hora extra para dormir; y dejó de quejarse. Comenzó a acostumbrarse a levantarse a esa hora. También creo en el descanso sobrenatural, cuando la noche se me hace más corta. ¡Y funciona!

La decisión que tomé de que cada mañana invertiría tiempo con Dios, ha sido una de las decisiones más importantes de mi vida; pues marcó una gran diferencia en mi crecimiento espiritual. No soy la misma persona que era antes. La gente siempre habla acerca de lo tímida y tranquila que era. Y en realidad sí lo era, ¡pero he cambiado!

Conviértete en un adicto a Jesús

Al implementar los cambios que Dios me instruyó que realizara, creé un estilo de vida que me ha mantenido en comunión con Dios. Me volví adicta a pasar tiempo con Él. ¿Sabes el significado de **adicto**? Significa: "Estar dedicado, entregado, habituado".

Puedes crear buenos hábitos en Dios, de la misma manera que puedes crear malos hábitos. Si de forma habitual te dispones a tener comunión con Él todos los días, a través de la oración y de la PALABRA; al final se convertirá en un estilo de vida para ti. No tendrás ni siquiera que pensar en hacerlo, pues lo realizarás de forma natural.

Eso fue lo que me sucedió. Ya había desarrollado el hábito de tener en primer lugar el tiempo que invierto con Dios, al punto que ya no debo levantarme todos los días, y pensar: "Bueno, ¿debería leer la PALABRA y orar esta mañana?". Ahora, lo hago de manera automática. Es parte de mi estilo de vida invertir tiempo la primera parte de mi día en oración. Aún cuando Kenneth y yo viajamos, o si debo levantarme a las cuatro de la mañana para hacerlo, lo hago.

Quizá pienses que eso es algo extremo, o que soy la única que se ha comprometido a invertir tiempo con el SEÑOR todos los días, pero no es así. Soy una de muchos que lo hacen.

Efectivamente, ser fiel requiere tiempo y esfuerzo; no es fácil. Sin embargo, si los creyentes comprendieran a totalidad LA BENDICIÓN que trae, ellos también estarían dispuestos a hacer lo que fuera necesario; a fin de que su tiempo con Dios ocupara el primer lugar todos los días.

¡Existen grandes recompensas para ese tipo de fidelidad! En la Biblia se nos enseña, en 2 Crónicas 16:9: «*Porque los ojos de Jehová contemplan toda la tierra, para mostrar su poder a favor de los que tienen corazón perfecto para con él...*». La palabra **perfecto** no significa que no tenga ninguna falla, sino ser: "Fiel, leal, dedicado y devoto".

Dios buscará en medio de un millón de personas, a fin de encontrar a una que le sea fiel. Él escudriñará la Tierra buscando personas que lo pongan en primer lugar a Él, y que le permitan ser Dios en su vida.

No obstante, Dios no puede bendecirnos de la manera que Él desea, si nosotros no le permitimos ser Dios en nuestra vida. Él no puede derramar Su provisión sobre nosotros, si nos mantenemos obstruyendo el canal de provisión celestial, al poner otras cosas antes que a Él. Si Dios muestra Su poder a nuestro favor, nuestro corazón tendrá que volverse por completo a Él.

La conclusión es la siguiente: El eterno Todopoderoso —Creador del cielo y de la Tierra, el Dios todopoderoso— está preparado para encontrarse contigo en oración. Él ya hizo de tu oración Su prioridad. La pregunta es: ¿Ya es también tu prioridad?

Reflexión diaria

¿Qué es oración?

_____

_____

¿Qué papel desempeña la oración en tu comunión con otros creyentes?

_____

_____

¿Cómo sabes que puedes entrar confiadamente al trono de la gracia?

_____

_____

_____

_____

¿Cómo se puede convertir un hábito en adicción?

_____

_____

_____

_____

¿Qué pasos tendrás que tomar para que la oración sea una prioridad en tu vida?

_____

_____

_____

_____

La oración de fe
del día

Padre celestial, me comprometo a pasar tiempo en oración contigo todos los días, teniendo comunión y sometiéndome a Tu voluntad en cada área de mi vida. ¡Gracias por ayudarme a ser fiel, leal, dedicado y devoto a Ti!

Testimonios reales que te ayudarán a edificar tu fe

Oración viva

Yo estaba dirigiendo una pequeña reunión de oración, y oré por una mujer. Ella sanó de tres tumores en su pecho, y de los ganglios linfáticos inflamados que tenía debajo de su brazo; los cuales le habían dicho en la clínica de mamografía que podía ser cáncer. Dos días después de la reunión de oración, ella acudió al médico para que le realizara un examen, ¡y todo había desaparecido por completo! Gracias por haberme discipulado en el transcurso de estos años, y por haberme ayudado a edificar mi fe; a fin de creer en Dios por los milagros. Dios la bendiga.

Chelsea C.
Washington

Capítulo dos
Escucha Su voz, y obedece

Hoy, aprenderás:

De qué manera se involucran las personas que oran en lo que Dios está haciendo en la Tierra

Lo que podemos aprender de Simeón y Ana

Cómo se comunica el Espíritu Santo con nosotros

La llave que abre cada puerta del reino de Dios.

Tu conexión
por la mañana

El lugar de oración
Por Kenneth Copeland

Por años, he escuchado un sinnúmero de veces una frase en particular, y cada vez que la escucho me gusta menos la manera en que la utilizan. De seguro, también la has escuchado.

Por lo general, la dicen después de que ocurre una tragedia. Incluso la expresan en un tono religioso, cuando las circunstancias parecen ser contrarias a lo que Dios ha prometido en Su PALABRA.

La frase es la siguiente: "Hermano, recuerde que… Dios es soberano".

Por más espiritual que sea el tono que utilicen para expresar esta frase, me molesta la manera en que la utilizan. Y no porque yo no crea que Dios es soberano, pues sí lo es. Según el diccionario *Webster's New World College*, en su cuarta edición, la palabra **soberano** significa: "Por encima de todo y de todos; supremo en poder, en rango y en autoridad". Sin lugar a duda, esa definición encaja con una parte de lo que Dios es.

Sin embargo, muy a menudo cuando las personas se refieren a la soberanía de Dios, lo hacen dando a entender lo siguiente: "Nunca sabrá lo que Dios hará. Después de todo, Él es todopoderoso y por completo independiente de Sus actos. Por consiguiente, Él hace lo que quiere cuando quiere".

El problema con esa perspectiva acerca de la soberanía, es que nos exime de toda responsabilidad. Después de todo, si Dios es soberano, hará lo que Él quiera. Entonces lo mejor será que nos sentemos a ver televisión, y no hagamos nada, ¿correcto?

¡Ésa es una idea equivocada! Después de más de 40 años de estudiar la PALABRA, y de predicar el evangelio; he descubierto que Dios hace pocas cosas —si no es que ninguna— en esta Tierra, sin la colaboración de los seres humanos. Aunque el planeta le pertenezca a Dios, y la Creación sea de Su propiedad. En el Salmo 8:6, se nos enseña que Dios hizo al ser humano para: «… *señorear sobre las obras de* [Dios] *tus manos…*».

El Señor mismo, puso a cargo a la humanidad. Él no interviene en los asuntos relacionados con la Tierra, cuando se le antoja. Dios respeta el dominio y la autoridad que nos ha dado. Por tanto, hasta que el arrendamiento de la humanidad termine en este planeta, Dios utiliza Su poder en la Tierra sólo cuando se le pide ayuda.

Debido a que las personas que oran, a menudo lo hacen en secreto; pareciera como si Dios actuara por Su propia cuenta. Sin embargo, en la Biblia se nos enseña —desde Génesis hasta Apocalipsis— que la oración y la fe conectan al Señor con la humanidad. Cada vez que vea a Dios obrando de manera sobrenatural, de seguro hubo alguien, en algún lugar, que oró para que Él se manifestara.

Más que espectadores

Hoy más que nunca, es de vital importancia que los cristianos entendamos esto. Estamos viviendo en la última etapa de los últimos tiempos. Estamos en la antesala del más grande derramamiento de la gloria de Dios en la historia del planeta. Cosas sorprendentes y sobrenaturales están sucediendo, justo como en la Biblia se nos dijo que ocurrirán.

No obstante, muchos creyentes sólo se sientan a ver los eventos como espectadores espirituales. Creen que Dios en Su soberanía, está derramando un poco de Su maravillosa gloria celestial, con señales y prodigios sobre la Tierra. Pero no es así como funciona.

Entonces, ¿cómo sucederán esas cosas? En Hechos 2:17-19, se nos indica qué acontecerá:

Y en los postreros días, dice Dios, derramaré de mi Espíritu sobre toda carne, y vuestros hijos y vuestras hijas profetizarán; vuestros jóvenes verán visiones, y vuestros ancianos soñarán sueños; y de cierto sobre mis siervos y sobre mis siervas en aquellos días derramaré de mi Espíritu, y profetizarán. Y daré prodigios arriba en el cielo, y señales abajo en la tierra, sangre y fuego y vapor de humo.

Si lees de nuevo la última parte de ese pasaje, y quitas la puntuación que colocaron los traductores; descubrirás una conexión divina que la mayoría de personas han pasado por alto. Verás que Dios está diciendo que cuando Sus siervos y siervas profeticen, declaren Su voluntad y Su propósito divino en intercesión y fe; Él responderá a esas confesiones con señales y milagros.

Eso significa que si el último derramamiento de Su gloria se aproxima en toda su plenitud, entonces cada siervo y sierva de Dios debería estar en su lugar. ¿Qué lugar?

¡El lugar de la oración!

Algunas personas podrían argumentar: "Pero, hermano Copeland, estamos hablando del final de los tiempos, y creo que Dios hará las cosas por Su propia cuenta. No necesita que nosotros lo ayudemos. Después de todo, esos asuntos son muy importantes como para confiárselos a la humanidad".

Yo también solía pensar así, sin embargo, el Señor me corrigió hace algunos años. Al estudiar acerca de la autoridad del ser humano, leí una y otra vez en Su PALABRA, cómo las oraciones del pueblo de Dios preceden el mover de Dios sobre la Tierra. No obstante, yo continuaba creyendo que Dios realizaba Sus asuntos más importantes sin la ayuda de la humanidad.

Un día mientras oraba con respecto a este tema, le pregunté a Dios: «Enviaste a Jesús en Tu soberanía, ¿verdad?».

—*No, no lo hice* —me respondió.

—¿Te refieres a que hubo personas que intercedieron para que eso ocurriera? Le pregunté.

—*Sí.*

Luego, me dio el nombre de dos personas que intercedieron para que eso sucediera: ¡Simeón y Ana!

50 años de oración

Puedes encontrar el relato de estos dos intercesores en Lucas 2. En ese pasaje, se nos afirma que Jesús tenía 8 años cuando Sus padres lo llevaron al templo, a fin de dedicarlo al SEÑOR y circuncidarlo como lo establece el Pacto abrahámico.

Ésa era una ceremonia muy sagrada para el pueblo judío, sin embargo, justo en medio de ese suceso; un hombre llamado Simeón se acercó, y cargó a Jesús entre Sus brazos. Nadie le dijo nada, ni intentó detenerlo. Eso significa que era él muy conocido en el templo como un hombre muy espiritual.

¿Cómo supo Simeón que debía llegar al templo justo en ese momento? ¿Fue porque alguien le dijo que consagrarían a Jesús ese día? No, en la Biblia se nos enseña que él llegó: «*…movido por el Espíritu…*» (Versículo 27). Dios lo guió.

Es más, ni siquiera María entendía por completo el plan que cumpliría su hijo; pero Simeón sí. Por eso, él profetizó: «*Ahora, Señor, despides a tu siervo en paz, conforme a tu palabra; porque han visto mis ojos tu salvación, la cual has preparado en presencia de todos los pueblos; luz para revelación a los gentiles, y gloria de tu pueblo Israel*» (Lucas 2:29-32).

Simeón sabía quién era Jesús, pues había intercedido y le había clamado a Dios para que enviara al Redentor. Había orado con tanto fervor y durante tanto tiempo que Dios le prometió: «*…que no vería la muerte antes que viese al Ungido del Señor*» (Lucas 2:26) .

Ya era bastante asombroso que Simeón supiera que Jesús sería el Salvador de Israel; sin embargo, sus palabras revelan que él sabía más al respecto. Lea de nuevo lo que Simeón dijo, y descubrirá que él sabía que Jesús les traería salvación incluso a los gentiles. Y la iglesia supo esto hasta que Pedro visitó la casa de Cornelio ¡10 años después del Día de Pentecostés!

¿Por qué era Simeón tan sabio? Porque era un intercesor, los intercesores saben cosas que otras personas desconocen. Dios les revela los secretos y los misterios divinos. Él les da información confidencial.

Cuando Simeón terminó de profetizar sobre la vida de Jesús, se acercó una mujer llamada Ana; quien había sido viuda 84 años (versículos 36-37,

AMP). Su caso era distinto al de Simeón, pues ella no fue guiada al templo por el Espíritu Santo —ella ya estaba ahí—. De hecho, en la Biblia se nos enseña que ella: «...*no se apartaba del templo, sirviendo de noche y de día con ayunos y oraciones*» (versículo 37).

Y no tenía una semana o dos en el templo, estuvo ahí desde que murió su esposo. Oró en el templo por más de 80 años.

¡A eso le llamo: apegarse al programa!

En Lucas 2:38, se nos afirma que Ana: «... *presentándose en la misma hora, daba gracias a Dios, y hablaba del niño a todos los que esperaban la redención en Jerusalén*». Nadie le dijo quién era Jesús. Lo supo desde que lo vio, pues al igual que Simeón había orado, durante años, para que Jesús fuera enviado.

Medita al respecto, incluso el Dios todopoderoso, el Creador supremo del Universo; no envió a Jesús por Su propia cuenta. Lo hizo con la cooperación de los seres humanos, y en respuesta a las oraciones y a las palabras llenas de fe de Su pueblo.

En Mateo 18:19, leemos: «*Otra vez os digo, que si dos de vosotros se pusieren de acuerdo en la tierra acerca de cualquiera cosa que pidieren, les será hecho por mi Padre que está en los cielos*». Ya sea que Simeón o Ana lo supieran o no, oraron en común acuerdo. Ambos intercedieron, pidiéndole a Dios que enviara a Su Redentor, y Él les respondió.

¡Apégate al programa!

¿Qué significa eso para nosotros? Significa que si deseamos ver la plenitud del derramamiento de la gloria de Dios en estos últimos tiempos, debemos apegarnos al programa; como Ana lo hizo. Tenemos que doblar nuestras rodillas, y comenzar a orar. Necesitamos empezar a proclamar la PALABRA de Dios y Su voluntad, en estos últimos días, a través de la profecía y de la intercesión; a fin de que Él manifieste señales y maravillas.

Nada sucederá en la Tierra, si nadie lo declara. Si lees la Biblia, descubrirás que ciertos eventos tuvieron que ser predichos por los profetas, antes que Dios los llevara a cabo.

No estoy diciendo que Jesús no regresará, si no oras. Él viene por Su pueblo —y viene pronto—. Este mundo está tan lleno de pecado que está a punto de derrumbarse. Y toda la Creación está gimiendo a consecuencia de todo ese pecado. Dios le pondrá fin a esta era, así como lo dijo en Su PALABRA —sin importar lo que tú y yo hagamos—. Él encontrará un Simeón y una Ana en alguna parte, a fin de que lleven a cabo la labor de intercesión.

Sin embargo, si todos los creyentes oraran, en lugar de que sólo lo hicieran unos cuantos, el Señor incrementaría el nivel de gloria que acompaña Su venida. Y si clamáramos en un mismo sentir como lo hizo la Iglesia Primitiva (Hechos 4), el poder de Dios sacudiría este planeta.

¡Dios siempre actúa cuando escucha el clamor de Su Pueblo!

Él no cambia. Pues hoy en día, continúa haciendo los mismos milagros que realizó en Hechos. Pero esta vez, se moverá de una manera más poderosa y gloriosa que en aquella época.

¿Está tu corazón hambriento por experimentar el derramamiento de los últimos tiempos? ¿Anhela ver las señales y las maravillas sobrenaturales que Él tiene preparadas para este tiempo final? Entonces, ¡comienza a orar! Conviértete en un intercesor, ríndete al Espíritu de Dios en oración, y confiesa Su voluntad

Fe
en acción

¡Descubre qué te corresponde realizar para formar parte de lo que Dios está haciendo!

El día de hoy, comprométete a reconocer Sus instrucciones y a responder en oración.

Notas:

_____

_____

_____

_____

_____

_____

_____

_____

_____

_____

_____

_____

_____

_____

_____

_____

_____

Tu conexión por la noche

¿Eres Tú Señor, o soy yo?

Por Gloria Copeland

¿Algunas vez has tenido problemas para escuchar a Dios? ¿Alguna vez te has encontrado atrapado por circunstancias confusas, y has necesitado que alguien te guíe; y aun después de orar y leer la PALABRA, no estás seguro de qué quiere Dios que realices?

Yo lo he experimentado. Durante años, ésa fue un área débil en mi vida con el Señor. Sabía lo que estaba escrito en Su PALABRA, y lo disfrutaba. De hecho, actuar conforme a ella, transformó mi vida.

Sin embargo, me sentía insegura, cuando necesitaba tomar decisiones acerca de algunas cosas que en la PALABRA no se encuentra una directriz específica. Cosas como: mudarse de una ciudad a otra; o aprovechar una oportunidad u otra.

Cuando enfrentaba ese tipo de decisiones, oraba al respecto. Por lo regular, tomaba las decisiones correctas; pues no hacía mayores cambios hasta que sentía paz en mi corazón. Aprendí de Colosenses 3:15 (*AMP*), a permitir que la paz fuera mi arbitro. Pero, a pesar de mi decisión sentía inseguridad, y me preguntaba: *¿Eres Tú Señor, o soy yo?*

En aquel entonces, una cosa sí tenía clara, en mí había un profundo deseo de obedecer a Dios. Y al escudriñar la PALABRA, me di cuenta que Dios no puede bendecir a las personas desobedientes. Por consiguiente, la desobediencia no era un obstáculo para mí. Estaba ansiosa por obedecer al Señor, desde que me sumergí en Su PALABRA.

Ahora bien, ¡te tengo buenas noticias! Cuando invertimos tiempo a diario para orar en el espíritu, se vuelve más fácil para nosotros escuchar las instrucciones del Espíritu Santo, a medida que Él nos da a conocer Su voluntad a nuestro espíritu.

Identifica las instrucciones

En Romanos 7:6, leemos: "Ahora ya no servimos [en obediencia] a las antiguas leyes escritas, sino [en obediencia a las instrucciones] del nuevo régimen; es decir, el del Espíritu [de vida]" (*AMP*). Ya no estamos limitados a obedecer sólo las leyes escritas, pues debemos servir en obediencia a las instrucciones de nuestro espíritu renacido; el cual es gobernado por el Espíritu Santo. El Espíritu Santo se comunica con nuestro espíritu y habita en él.

Ésta área genera mucha confusión cuando estamos aprendiendo a vivir en el espíritu. A medida que el SEÑOR me iba aclarando este tema, me ayudó a comprender que la mayor parte del tiempo, yo escucharía a mi propio espíritu hablándole a mi alma; en la cual se encuentra mi mente, mi voluntad y mis emociones. La voz audible del SEÑOR, raras veces se manifiesta en nuestra vida. La mayoría de instrucciones que recibiremos en nuestra vida cotidiana, vendrán por medio de una indicación, un pensamiento, un testimonio interior, una dirección o una orden en nuestro espíritu.

La razón por la que pareciera que fuéramos nosotros, es porque es a nosotros mismos los que escuchamos. El Espíritu Santo se comunica con nuestro espíritu, y nuestro espíritu envía una instrucción o una advertencia a nuestra mente.

Observa, cuando naciste de nuevo, Dios envió a Su Espíritu Santo para que habitara en ti y para que fuera tu maestro e instructor; a fin de ayudarte a llevar una vida agradable ante Dios. Ése es el trabajo del Espíritu Santo.

Por esa razón, como creyentes, no debemos depender de nuestro limitado razonamiento. Más bien, vivamos guiados por el Espíritu, Él conoce todas las cosas. De hecho, si lo escuchamos a diario, Él nos alejará del peligro y hará que nos conduzcamos a salvo a través de las situaciones más complicadas.

¿Cómo puedes ser dirigido por el Espíritu Santo? La respuesta a esa pregunta se encuentra en Hebreos 3:15: «*entre tanto que se dice: Si oyereis hoy su voz, no endurezcáis vuestros corazones…*». En otras palabras, no te resistas a las instrucciones del Espíritu.

Si el Espíritu te guía a realizar algo, y decides no obedecer o hacerlo de otra manera; estás endureciendo tu corazón.

La mayoría de veces, así es como nos salimos de la voluntad de Dios. No es que querramos ser rebeldes. El problema radica en que situación tras situación, no seguimos las instrucciones de nuestro espíritu. Debido a que nuestra mente, o razonamiento, nos dice 27 razones por las cuales no deberíamos hacerlo. Y al final, desobedecemos.

Hace algunos años, le pedí al Señor que me enseñara a vivir en el espíritu. Mientras escuchaba Sus instrucciones, pude percibir que Él deseaba que invirtiera más tiempo en la oración. Hasta ese momento, había invertido más tiempo en la PALABRA. No obstante, Dios me indicó que invirtiera más tiempo en la oración, en especial para orar en lenguas.

Entonces, comencé a orar una hora al día, no fue un cambio fácil, pues tuve que reorganizar mis planes. Tuve que cambiar por completo mi rutina.

Pero antes de que ese año terminara, mi vida tuvo un cambio drástico. Y todo gracias a que tomé una hora al día para orar en el espíritu.

Quizá una hora no parezca tanto tiempo, y no lo es. Pero yo lo hice TODOS LOS DÍAS. Y ésa es la clave. Un día, mientras estudiaba la PALABRA, el Señor me dijo: *En la perseverancia reside el poder.*

Perseverar en la cosas de Dios, causa que vivamos en victoria. Seguir a Dios de vez en cuando, no transformará tu vida.

¿Sabes cómo cumplir la voluntad de Dios para tu vida? Un día a la vez. Si empiezas a invertir tiempo con el Señor en intercesión y orando en el espíritu, al final de cada año, verás que tu vida espiritual, y tu habilidad para escuchar de Dios habrán incrementado.

Comprométete

Inicia hoy, comprometiéndote a realizar sólo lo que Él te indique. Comienza buscando Su rostro, escuchando Sus instrucciones y respondiendo en obediencia; en lugar de endurecer tu corazón.

No temas, Él no te va a pedir que dividas el Mar Rojo el primer día. Dios iniciará en el nivel donde te encuentres. Jesús es el Maestro de maestros, y sabe como trabajar contigo a la perfección. Y te guiará a Su perfecta voluntad, si le obedeces, un paso a la vez, un día a la vez.

Y para lograrlo, es necesario que seas como un niño. Debes confiar por completo en Él, y hacer sólo lo que te indique.

Recuerdo, la primera vez que el SEÑOR me pidió que realizara algo. No quería hacerlo; pues pensaba: Señor si no eres Tú, voy a quedar en ridículo.

¿Sabías que esa actitud evita que vivamos en el espíritu? Pensar sólo en nuestra "imagen", —cuidar más de cómo nos vemos ante la gente, que en cómo nos vemos ante Dios—.

Lucha una y otra vez contra esos pensamientos, hasta que un día tomes la siguiente determinación: MUY BIEN, cuando reciba una instrucción de Dios en mi espíritu, voy a obedecer. Y si me equivoco, y quedo en ridículo; va a ser bueno para mí, pues me ayudará a mantenerme humilde.

Cuando tomé esa determinación, obedecer la voz de Dios se volvió algo menos complicado. Y fue mucho más fácil actuar conforme a las indicaciones que recibía.

Jesús dijo en Mateo 18:4: *«Así que, cualquiera que se humille como este niño, ése es el mayor en el reino de los cielos»*. Por tanto, decidí que aunque hiciera el ridículo, no me arriesgaría a desobedecer.

Cuando tomes esa determinación, estarás a punto de recibir un maravilloso rompimiento en tu vida con Dios; pues a medida que sigas Sus instrucciones, te será más fácil reconocerlas en tu espíritu.

He descubierto que la obediencia es la llave que abre cada puerta en el reino de Dios. No es lo que dices que **vas** a realizar lo que cuenta con el Señor, sino lo que en realidad haces. Cuando estás listo para obedecer al Espíritu, significa que también estás listo para escuchar a Dios.

Si deseas vivir de esa manera , dile a Dios lo mismo que yo le dije en 1983: *Señor, muéstrame cómo vivir en Tu Espíritu y lo haré. Enséñame cómo escuchar Tu voz.*

No me importa cómo me vea ante los demás. Enséñame, y lo haré. (¡Por supuesto, cuando obedeces te ves bien!).

Realiza esa oración hoy, y comprométete. Y ésta te abrirá la puerta a la más grande aventura de tu vida.

Reflexión
diaria

¿De qué manera se involucran las personas que oran en lo que Dios está haciendo en la Tierra?

_____

_____

¿Qué podemos aprender de Simeón y Ana?

_____

_____

¿Cómo se comunica el Espíritu Santo con nosotros?

_____

_____

¿Cuál es la llave que abre cada puerta del reino de Dios?

_____

_____

_____

Notas:

_____

_____

_____

_____

_____

_____

_____

_____

_____

La oración de fe
del día

*Padre, quiero ser Tu instrumento para trabajar en la Tierra.
Ayúdame a siempre escuchar Tu voz, y a obedecerla.
Enséñame cómo vivir en Tu Espíritu. En el nombre de Jesús.
Amén.*

Testimonios reales que
te ayudarán a edificar tu fe

Prosperidad cerca de tu casa

¡Aleluya! ¡Alabado sea Jesús! Este otoño, llamé a su línea de oración para manifestarles que necesitaba un nuevo empleo. Dios me dio un maravilloso puesto en una próspera corporación nacional, la cual está a sólo 5 minutos de mi casa. ¡Muchas gracias por su apoyo!

Catherine E.
Maine

Capítulo tres
Orando la voluntad de Dios

Hoy, aprenderás acerca de:

En dónde encontrar la voluntad de Dios

Qué significa: "No ores basado en tu problema"

Por qué es tan importante orar en el espíritu

Cómo cambiará tu vida cuando ores de manera constante en lenguas.

Tu conexión
por la mañana

Por qué es importante orar la voluntad de Dios: *¡Por la cosecha!* Por Kenneth Copeland

S i ha existido un tiempo en el que se necesita oración, es ahora.

Es tiempo de orar, pues las tinieblas se están expandiendo por el mundo. Satanás está matando a las personas, a través de. enfermedades, drogas, depresión y cualquier otra arma que tenga en sus manos.

Es tiempo de orar, pues esta generación de creyentes está viviendo una época muy especial de la historia. Estamos finalizando una era. Los 6,000 años de arrendamiento de la humanidad (y del señorío de Satanás) sobre la Tierra están por terminar. El milenio del reinado de Jesús, está a la vuelta de la esquina.

Pero antes de que Jesús venga, cada promesa que Él ha hecho durante estos 6,000 años de la historia humana, debe cumplirse. El Cuerpo del Ungido está a punto de recoger toda la cosecha.

Si queremos ver los resultados que Dios anhela que Su generación de los últimos tiempos experimente, no debemos recitar oraciones como quien dispara al azar y se queda esperando a que algo suceda. En Santiago 4:2-3, leemos: *«Codiciáis, y no tenéis... Pedís, y no recibís, porque pedís mal, para gastar en vuestros deleites»*. Logramos tener éxito, cuando oramos de manera específica basados en la voluntad de Dios.

Orando la voluntad de Dios

Son muchos los creyentes a quienes les importa saber si están orando conforme a la voluntad de Dios. Como lo mencioné en mi enseñanza anterior, muchos de ellos tienen una perspectiva errónea acerca de la soberanía de Dios. Piensan que como Sus caminos son inescrutables, es más espiritual orar de la siguiente forma: "Dios, cualquiera que sea Tu voluntad en esta situación, sólo hazla".

Analiza qué tipo de confusión genera esa clase de oración. Cualquiera que sea el resultado de esa oración, es Dios quien se llevará el crédito —¡sea bueno o malo!—. Sin embargo, para honrar la soberanía de Dios, debemos orar lo que Él ya declaró como Su voluntad.

Orar la voluntad de Dios, es el único tipo de oración del que podemos obtener resultados. No fuimos creados para desperdiciar el tiempo siendo espectadores, en especial en estos tiempos. Necesitamos tomar nuestra Biblia, y descubrir cuál es la voluntad de Dios. Pues Su PALABRA **es** Su voluntad. Él ha hecho algunas promesas específicas en ella, y Su voluntad es también que se cumpla cada una de ellas.

Medita, por un momento, en la oración que realizaste cuando recibiste salvación. No la hiciste de la siguiente manera: "Dios, estoy cansado de vivir bajo el dominio de Satanás, quiero que seas mi Señor y Salvador. Pero no quiero decirte qué hacer conmigo. Entonces cualquiera que sea Tu voluntad —ya sea que quieras hacerme libre o mantenerme en la miseria, llevarme al cielo o enviarme al infierno—, sólo hazla".

No, ésa no fue tu oración. Oraste para que te salvara, justo como está escrito en Su PALABRA que Él lo haría. Oraste con exactitud de acuerdo con Su PALABRA, la cual declara que Él: «...*no quiere que nadie perezca...*» (2 Pedro 3:9, *NVI*). Oraste, esperando obtener el resultado de la promesa que afirma: «*que si confesares con tu boca que Jesús es el Señor, y creyeres en tu corazón que Dios le levantó de los muertos, serás salvo*» (Romanos 10:9).

Quizá al principio te preguntaste: ¿Me habrá escuchado el Señor?, pero luego descubriste la respuesta a esa interrogante en 1 Juan 5:14-15: «*Y esta es la confianza que tenemos en él, que si pedimos alguna cosa conforme a su voluntad, él nos oye. Y si sabemos que él nos oye en cualquiera cosa que pidamos, sabemos que tenemos las peticiones que le hayamos hecho*».

Descubre lo que enseña la PALABRA

Esos mismos principios funcionan en cualquier área de la oración. ¿Necesitas recibir sanidad en tu cuerpo? No ores conforme a lo que tu médico te expresó, o como la tradición religiosa enseña. Ora de la siguiente manera: «*por cuya herida (yo soy) fuisteis sanados*» (1 Pedro 2:24). ¿Tienes dificultades financieras? No ores tu problema, sino lo que Dios te indicó que realizaría: «*Mi Dios, pues, suplirá todo lo que os (me) falta conforme a sus riquezas en gloria en Cristo Jesús*» (Filipenses 4:19).

El Señor anhela que Su voluntad se cumpla en la Tierra, así como en los cielos. Busca la promesa que se aplica a tu situación, y ora la respuesta; en lugar del problema. No sólo ores basado en lo que recuerdas que la PALABRA declara. ¡Léela! Y vuélvela a leer, incluso si ya has leído esa promesa cientos de veces. Aliméntate de lo que esa promesa afirma, una y otra vez. Quizá un día cuando leas un versículo, Dios te dé una gran revelación acerca de éste. Y esa revelación, será la que necesites para orar de manera eficaz en la situación que estás enfrentando.

En 1 Juan 5:14-15, leemos: «*Y esta es la confianza que tenemos en él, que si pedimos alguna cosa conforme a su voluntad, él nos oye. Y si sabemos que él nos oye en cualquiera cosa que pidamos, sabemos que tenemos las peticiones que le hayamos hecho*».

Cuando oras la PALABRA de Dios, sabiendo de antemano Su voluntad, ya no ores sólo **esperando** obtener resultados. Ya no tendrás que repetir viejas frases religiosas. Orarás con la expectativa de que sí recibirás la respuesta, y que tus oraciones serán eficaces; ya que estás declarando las palabras que Dios te ha dado para que se haga Su voluntad en la Tierra.

Entonces, antes de orar, decide que obtendrás los resultados; luego ora la PALABRA con la expectativa de que Dios actuará a tu favor. De esa forma, traemos las manifestaciones de la gloria de Dios a la Tierra, mientras que las personas del mundo cada vez están siendo más engañadas y aterrorizadas por las mentiras de Satanás. Y es así como nos colocamos en el lugar correcto, a fin de recibir la cosecha, la cual se levantará tan rápido que quienes siembran la semilla alcanzarán a quienes recogen la siega.

Jesús es el Alfa y la Omega —el Principio y el Fin—, el Primero y el Último. Por tanto, comienza y finaliza con Su PALABRA. Permite que la palabra de Jesús sea lo primero en todo lo que realices, y sé testigo de cómo Él te da una cosecha que ninguna otra generación ha visto

Fe en acción

Busca en la PALABRA, las promesas específicas que puedan ayudarte en alguna situación que estés enfrentando.
Luego, ora basado en esas promesas.

Notas:

_____

_____

_____

_____

_____

_____

_____

_____

_____

_____

_____

_____

_____

_____

Tu conexión por la noche

Orando la perfecta voluntad de Dios

Por Gloria Copeland

A finales de 1982, escuché una profecía que cambió mi vida por completo. El SEÑOR me dio una instrucción. En donde me aseguraba que si tan sólo le daba el diezmo de mi tiempo, una hora o dos al día, todo me saldría bien; y mi vida sería transformada y llena de poder. En aquel entonces, lo hice pensando especialmente en mi familia, pues necesitaba que todo marchara bien con nosotros.

Como resultado de esa exhortación del Espíritu de Dios, comencé a orar una hora diaria en el espíritu. En ese entonces, incluso cinco minutos era mucho tiempo para mí. Pues no estaba acostumbrada a invertir tanto tiempo en la oración, yo estaba más enfocada en la PALABRA de Dios. Me presentaba ante el Señor, le recordaba lo que afirma Su PALABRA, la creía, actuaba conforme a ella y veía los resultados en mi vida. No obstante, jamás había invertido tanto tiempo en la oración. Esa palabra de Dios cambió mi vida.

Ya han pasado más de 20 años, desde que decidí invertir a diario una hora o dos con el Señor. Y eso se ha convertido en la fuente más importante de mi crecimiento espiritual, y de mi bienestar en la actualidad. Todas mis necesidades de hoy han sido suplidas con abundancia, gracias a que fui obediente a esa instrucción. Mis hijos le sirven al SEÑOR. Mis nietos están llenos de bienestar y felicidad. Mis hijos disfrutan de matrimonios felices y bendecidos, y son prósperos. En otras palabras, **todos** estamos bien.

Kenneth y yo, aún estamos enamorados —el uno del otro— y felices, después de 50 años de matrimonio. Creo que hemos corrido la carrera que Dios ha puesto delante de nosotros, y hemos obedecido Su voluntad para nuestra vida hasta el día de hoy. Por supuesto, aún invierto al menos una hora al día en oración cada mañana. ¡Me encanta que todo esté bien!

Sin embargo, esa profecía no fue sólo para mí, sino para toda la Iglesia. Invertir tiempo con Dios, una hora o dos a diario en Su presencia, en oración, en la PALABRA, en alabanza e ir a los servicios de la iglesia; también transformarán tu vida.

Lo importante es obedecer lo que el Señor te indica, y ser perseverantes en las cosas de Dios. Invertir tiempo en las cosas eternas, no es lo mismo que invertir tiempo en los asuntos terrenales. Tus oraciones son eternas, y las cosas eternas nunca se acaban; y como consecuencia, las recompensas que traen son para siempre.

Orando en el espíritu

Y de igual manera el Espíritu nos ayuda en nuestra debilidad; pues qué hemos de pedir como conviene, no lo sabemos, pero el Espíritu mismo intercede por nosotros con gemidos indecibles. Mas el que escudriña los corazones sabe cuál es la intención del Espíritu, porque conforme a la voluntad de Dios intercede por los santos.

—Romanos 8:26-27

Cuando comencé a orar una hora diaria, la mayor parte del tiempo lo hacía en el espíritu —o en otras lenguas—. A menudo, desconocemos la manera correcta de orar. Sin embargo, el Espíritu de Dios sí sabe como hacerlo Él habita en tu interior para orar a través de ti, la perfecta voluntad de Dios. Ése es el objetivo de orar en lenguas. El Espíritu de Dios ora la respuesta del Señor, por medio de ti. En 1 Corintios 14:2, leemos: *«Porque el que habla en lenguas no habla a los hombres, sino a Dios…»*.

Quizá te preguntes: "¿Acaso no puedo orar en mi propio idioma?".

Sí puedes, pero no estarías orando al nivel que deberías. Pues sólo puedes orar con tu propio entendimiento; es decir, de acuerdo con el conocimiento que posees. Muchas veces, no tendrás el conocimiento suficiente en lo natural para orar con exactitud la respuesta. Sin embargo, cuando oras en el espíritu, el Espíritu Santo que habita en ti; te proveerá la solución de Dios a tu problema. Orar en el Espíritu es la forma más eficaz de orar por tu situación, pues oras la perfecta voluntad de Dios.

En 1 Corintios 14:15, el apóstol Pablo dijo que debíamos orar en ambas maneras: *«¿Qué, pues? Oraré con el espíritu, pero oraré también con el entendimiento; cantaré con el espíritu, pero cantaré también con el entendimiento»*.

El Espíritu Santo habita en nosotros, a fin de que la voluntad de Dios se cumpla en nuestra vida. Manifestar la voluntad de Dios en la Tierra, es la responsabilidad de la Iglesia. Sin embargo, a causa de que la Iglesia está conformada por personas individuales, esa responsabilidad inicia contigo y conmigo. Cuando un creyente actúa en obediencia al Espíritu de Dios, hace que la voluntad de Dios se cumpla en la Tierra.

Sé lleno

Si aún no hablas en lenguas, no tienes que rogarle a Dios para que te revista de Su Espíritu. Sólo debes pedirle. Si tu pides, la PALABRA de Dios promete que recibirás:

Y yo os digo: Pedid, y se os dará; buscad, y hallaréis; llamad, y se os abrirá. Porque todo aquel que pide, recibe; y el que busca, halla; y al que llama, se le abrirá. ¿Qué padre de vosotros, si su hijo le pide pan, le dará una piedra? ¿o si pescado, en lugar de pescado, le dará una serpiente? ¿O si le pide un huevo, le dará un escorpión? Pues si vosotros, siendo malos, sabéis dar buenas dádivas a vuestros hijos, ¿cuánto más vuestro Padre celestial dará el Espíritu Santo a los que se lo pidan?

—Lucas 11:9-13

Jesús en este pasaje bíblico, está hablando de un hijo que le está pidiendo algo a su padre. Tú eres hijo de Dios, y Él es tu Padre. Si te presentas delante de Dios, y le pides que te llene con el Espíritu Santo, no recibirás un demonio. Recibirás justo lo que estás pidiendo.

Dios está listo y preparado para bautizarte con Su Espíritu Santo, cuando te lo pida. Para recibir el bautismo del Espíritu Santo necesitas llegar ante Dios con humildad, presentarte ante Él, abrir tu corazón y prepararte para recibir el bautismo del Espíritu Santo por fe.

Cuando seas bautizado por el Espíritu Santo, algo extraordinario sucederá: serás capaz de hablar en otro lenguaje. En Hechos 2:4, leemos: «*Y fueron todos llenos del Espíritu Santo, y comenzaron a hablar en otras lenguas, según el Espíritu les daba que hablasen*». El Espíritu Santo, te dará el lenguaje o las palabras que debes decir, pero eres **tú** quien debe hablarlas. En ninguna parte del Nuevo Testamento, se nos enseña que el Espíritu Santo es Quien habla. Debes hacerlo por voluntad propia, Dios no te obligará a hablar en lenguas.

Cuando oras en lenguas, estás orando "en el espíritu". Así como tu propio idioma es la voz de tu mente, orar en lenguas es la voz de tu espíritu. Es tu espíritu orando los misterios de Dios (1 Corintios 14:2). El apóstol Pablo expresó: «*Porque si yo oro en lengua desconocida, mi espíritu ora, pero mi entendimiento queda sin fruto*» (1 Corintios 14:14). Realice la siguiente oración:

Padre celestial, soy un creyente. Soy Tu hijo y Tu mi Padre. Jesús es mi Señor, y creo con todo mi corazón que Tu PALABRA es verdad.

Tu PALABRA afirma que si pido, recibiré el Espíritu Santo. Por consiguiente, en el nombre de Cristo Jesús, mi SEÑOR; te pido que me llenes con Tu precioso Espíritu Santo.

Jesús, bautízame con Tu Espíritu Santo. Y porque Tu PALABRA lo declara, creo que hoy lo recibo y te doy gracias por ello. Y también creo que el Espíritu Santo habita en mí, y por fe lo recibo.

Hoy, Espíritu Santo, surge en mi interior a medida que alabo a mi Dios. Estoy plenamente convencido que voy a orar en otras lenguas, a medida que me des las palabras.

Ahora, comienza a dar gracias y a alabar a Dios por haberte bautizado en el Espíritu Santo. Al hacerlo, surgirán de tu espíritu algunas palabras y sílabas que no conocías, pero háblalas por fe. No ores en tu propio idioma, pues no puedes hablar dos lenguajes al mismo tiempo. Sólo comienza a declarar las sílabas que tienes en la punta de tu lengua. Tú eres como un bebé que comienza a emitir sus primeros sonidos. (Recuerda, tienes que utilizar tu propia voz, Dios no te forzará a hablar).

De ahora en adelante, eres un creyente bautizado con el Espíritu Santo

¿Qué pasaría si todos oráramos en el Espíritu?

Cuando el Señor me indicó que orara una hora al día, mi vida cambió. Y hoy, oro en lenguas y en mi propio idioma —dependiendo de las instrucciones que reciba—.

Si oras en el espíritu una hora al día, al final del año tendrás 365 horas de haber orado la perfecta voluntad de Dios. Si lo haces sólo 15 minutos tendrás 91 horas. ¿No crees que esto beneficiaría cada área de tu vida? En la mía sí lo hizo. Y no pienso dejar mi tiempo de oración cada mañana.

Dios trabajará contigo en el nivel donde te encuentres. Pueda que Él te pida que inicies con 5 minutos diarios. Te pedirá que empieces con eso, y luego que incrementes el tiempo. Cinco minutos son valiosos, en especial cuando estás orando la perfecta voluntad de Dios. Dios ora a través tuyo cuando oras en lenguas. El Señor te dará el lenguaje, Tú le entregarás a Él tu autoridad y tu voz. Tu intelecto no se interpondrá, pues tú no estás orando con tu entendimiento; sino con tu espíritu.

Debemos llegar al nivel donde permanezcamos en la PALABRA, obedezcamos Sus instrucciones y hagamos lo que se nos indica —un grupo de personas de las que Dios pueda depender, a fin de que Su voluntad se cumpla en la Tierra—.

En profecía el Señor me indicó lo siguiente: *No le dediques todo tu tiempo a las cosas de este mundo… procura atender tu espíritu y aliméntalo con Mi Palabra… permítele a tu espíritu estar en comunión con el Padre. Edifícate en tu santísima fe… sólo una o dos horas de las 24. Dame el diezmo de tu tiempo; y todo te saldrá bien.*

Reflexión diaria

¿En dónde encontrarás la voluntad de Dios?

_____

_____

¿Qué significado tiene la frase: "no ores basado en tu problema"?

_____

_____

¿Por qué es importante orar en el espíritu?

_____

_____

¿Cómo cambiará tu vida cuando ores de manera constante en lenguas?

_____

_____

_____

La oración de fe
del día

Padre, más que cualquier otra cosa, quiero seguir Tu voluntad para mi vida. Hoy, me comprometo a orar en el espíritu y con mi entendimiento. A medida que lo hago, ¡declaro que cada área de mi vida se alineará a Tu voluntad! En el nombre de Jesús. Amén.

Testimonios reales que te ayudarán a edificar tu fe

La voluntad de Dios en un ascenso

En mayo, yo contaba con la ayuda de un grupo de mujeres cristianas quienes oraban por la perfecta voluntad de Dios, a fin de que mi esposo y yo tuviéramos un buen empleo. Yo quería un ascenso, pero debía encontrar la perfecta voluntad de Dios en esa situación. Mi esposo estaba insatisfecho con su empleo, y no le pagaban bien. En agosto, por medio de una palabra, el Señor me indicó que no sería ascendida, pero eso no me afectó. En ese empleo trabajaba nueve horas a la semana como catedrática universitaria. Y como sólo trabajaba medio tiempo, tenía tiempo para recoger a mi hija en la escuela, ministrar personas, asistir a un grupo de estudio bíblico para damas y para orar ciertos días.

En septiembre, mi esposo después de una semana de vacaciones, la cual había sido planificada con antelación; renunció a su empleo. Le informaron de otro empleo de medio tiempo, y él lo aceptó. Durante esa semana, los empleados de tiempo completo que trabajaban en la misma compañía de mi esposo, renunciaron. Mi esposo se quedó muy sorprendido, pues su jefe lo transfirió a ¡tiempo completo la semana siguiente! Su jefe en realidad lo aprecia mucho, y él está muy feliz en ese trabajo. Él empieza a trabajar tarde, por tanto, puede ir por nuestra hija a la escuela.

Dios toma cuidado de cada detalle. Esta semana, el jefe le dio autoridad para contratar personal, y mi esposo pudo contratar a sus amigos cristianos. ¡LA BENDICIÓN continúa obrando adondequiera que vamos!

Rachelle M.
Massachusetts

Capítulo cuatro
Ore con confianza

Hoy, usted aprenderá:

Por qué es importante declarar sólo las palabras que estén de acuerdo con lo que usted desea recibir.

Cómo puede dejar de dudar.

Cuál es el punto débil que todos enfrentamos.

Algunos beneficios adicionales de orar en lenguas.

Su conexión
por la mañana

Ore para obtener resultados
Por Kenneth Copeland

Cuando usted comienza a orar basado en la PALABRA, está iniciando con la respuesta. En la PALABRA puede encontrar la respuesta para cada problema que pueda enfrentar.

El siguiente paso para realizar una oración eficaz, se encuentra en Marcos 11:24. En ese versículo, Jesús afirmó: *«Por tanto, os digo que todo lo que pidiereis orando, creed que lo recibiréis, y os vendrá».* Ésa debe ser su actitud al orar. Debe creer que recibe cuando ora. No espere hasta ver la manifestación para creer que ya lo recibió.

Al principio puede parecerle difícil. Sin embargo, a medida que conozca a Dios se convencerá cada vez más de que Su PALABRA es verdad. Y el temor desaparecerá. Tome la decisión de calidad de creer en la PALABRA de Dios. En Números 23:19, se nos enseña: *«Dios no es hombre, para que mienta, ni hijo de hombre para que se arrepienta. Él dijo, ¿y no hará? Habló, ¿y no lo ejecutará?».* Usted puede confiar en Su integridad. Por tanto, cuando ore, ejerza su fe.

¿De dónde proviene la fe? ¿Cómo se consigue? En Romanos 10:17, se nos indica que la fe viene por el oír, y oír la PALABRA de Dios. A cada creyente le fue repartida una medida de fe (Romanos 12:3). Por consiguiente, cada creyente tiene la obligación de desarrollar esa fe, invirtiendo tiempo en la PALABRA. Aplicar su fe, en alguna determinada situación, se relaciona íntimamente con el conocimiento que tenga de Dios. Si usted no tiene la certeza de que la voluntad de Dios es que sea salvo, no tendrá la fe para recibir su salvación. No le estoy diciendo que necesita más fe, pues usted ya la tiene. Ahora bien, lo que necesita en realidad es un conocimiento más profundo de Dios; el cual sólo obtendrá invirtiendo más tiempo en Su PALABRA.

Al orar en fe, aférrese a su confesión. El Señor es consciente de su situación, y Su poder obra desde el instante en que usted ora en fe. A partir de hoy, puede tener la certeza de que recibirá la respuesta de sus oraciones. Permanezca firme en fe, al mantener alineada su confesión —es decir, sus palabras— con la PALABRA de Dios.

Declare sólo las palabras que estén de acuerdo con lo que desea recibir. Jesús está sentado a la diestra del Padre. Como su Sumo Sacerdote, Él vela para que todo el sistema funcione de la manera que Dios dijo que funcionaría (Hebreos 4:9-14).

Es difícil describir cuán importante es confesar las palabras correctas. Pues a través de su boca usted libera fe, y las palabras son el medio para transmitirla. Dios declaró palabras llenas de fe cuando creó el Universo. En Hebreos 11:3, leemos: «*Por la fe entendemos haber sido constituido el universo por la palabra de Dios…*». El Señor habló, y el Espíritu de Dios utilizó la fe de esas palabras para crear los planetas.

Las palabras tienen poder. El poder de la vida y de la muerte está en la lengua (Proverbios 18:21). Pídale al Espíritu Santo que le revele la importancia de declarar las palabras correctas.

Active su fe

Cuando usted declara palabras de fe, debe respaldarlas con acciones. En Santiago 2:17, se nos enseña: "Asimismo la fe, si no tiene obras (hechos y acciones de obediencia que la respalden), carece de poder (es ineficaz, y está muerta)" (*AMP*). La PALABRA de Dios nos exhorta a ser hacedores, y no solamente oidores. Para ejercer nuestra fe, necesitamos dos elementos: las palabras y las acciones. La verdadera fe bíblica demanda acciones.

Usted tiene que actuar por fe, no de acuerdo con sus sentimientos y razonamientos. La fe está fundamentada en la verdad eterna, y es más confiable que la evidencia natural de sus sentidos físicos. De acuerdo con 2 Corintios 4:18, no debemos enfocarnos en las cosas que podemos ver; sino en las que no vemos. Las cosas visibles son **temporales** y están sujetas a cambios. Por otro lado, las cosas invisibles son eternas —y jamás cambian—. No ponga su atención en lo que puede percibir con sus cinco sentidos; mejor enfoque su corazón en la PALABRA de Dios. Y como consecuencia, lo que vea con sus ojos físicos, se alineará con la PALABRA.

Creer en la PALABRA, en lugar de creer en las circunstancias naturales; significa confesar y actuar conforme a la respuesta, y no según el problema. Cuando usted actúa conforme a la PALABRA, activa su fe. Si no activa su fe, no espere obtener resultados.

Cuando usted ejerce de manera eficaz su fe, basado en la PALABRA de Dios, obtendrá resultados. Entonces la cita de Hebreos 4:16, se convertirá en una realidad en su vida: «*Acerquémonos, pues, confiadamente al trono de la gracia, para alcanzar misericordia y hallar gracia para el oportuno socorro*». En este versículo no se expresa: "acérquense y quizá obtendrán". No, ahí están diciendo: "¡acérquense y obtendrán!"

La comunidad religiosa piensa que Dios no puede atender todas las oraciones, y mucho menos responderlas. Ésa es una mentira de Satanás, la cual contradice en su totalidad las ESCRITURAS. Pues cuando usted cree la PALABRA de Dios en su corazón, y ora conforme a la misma; tiene todo el derecho de esperar obtener resultados. Respecto a este tema, Jesús declaró: «*De cierto os digo, que si tuviereis fe, y no dudareis, no sólo haréis esto de la higuera, sino que si a este monte dijereis: Quítate y échate en el mar, será hecho. Y todo lo que pidiereis en oración, creyendo, lo recibiréis*» (Mateo 21:21-22).

Si Dios responde la oración de un pecador para que sea salvo, cuánto más no responderá las oraciones de creyentes que se acercan a Él en fe.

Rechace la duda

Satanás usa la duda con gran habilidad y astucia, a fin de que usted fracase. El enemigo sabe cuán importante es hacer que usted dude. Y de manera constante, ataca su mente con duda e incredulidad. Si comienza a dudar que recibirá su respuesta, el diablo tratará de ganar más terreno en su mente. El enemigo sabe que al incrementar su influencia sobre usted, su fe será ineficaz; y él podrá engañarlo.

Para que su oración sea efectiva, debe aprender a rechazar la duda, el temor y la incredulidad. Si usted se enfoca más en sus circunstancias que en la PALABRA, mantendrá en su interior la imagen del problema; y no la de la solución. Y lo que vea en su interior, determinará su actitud. Si lo que visualiza son sus circunstancias negativas, dudará de la PALABRA de Dios. Y cuando lo haga, Satanás será capaz de tomar ventaja y estropeará su proceso de fe.

La duda se mueve en el ámbito mental. Y la PALABRA, en el ámbito espiritual. Por tanto, debemos utilizar las armas espirituales que se encuentran a nuestra disposición. En 2 Corintios 10:3-5, leemos: *«Pues aunque andamos en la carne, no militamos según la carne; porque las armas de nuestra milicia no son carnales, sino poderosas en Dios para la destrucción de fortalezas, derribando argumentos y toda altivez que se levanta contra el conocimiento de Dios, y llevando cautivo todo pensamiento a la obediencia a Cristo»*. En Mateo 14, cuando Pedro caminó sobre el agua con Jesús, no lo hizo con sus fuerzas naturales; sino con las espirituales. Pues las leyes naturales, se someten al poder inherente que emanaba de la palabra que Jesús expresó: "Ven". Y al salir de la barca para caminar sobre el agua, Pedro actúo bajo la autoridad de esa palabra.

Podemos vivir de manera sobrenatural, a pesar de que las tormentas de la vida vengan contra nosotros. Pues, ¡nuestras armas espirituales son poderosas!

No permita que la duda y el temor entren a su mente. Mantenga el control de su mente. Permanezca preparado para rechazar cualquier pensamiento o imagen contraria a su oración. Cuando la duda surja, no le dé lugar. Sea selectivo con los pensamientos que admite en su mente. ¡No cree una imagen interna de derrota! Usted puede controlar sus pensamientos, de acuerdo con Filipenses 4:6-9. Aprenda a pensar en lo verdadero, lo honesto, lo que es justo, lo puro, todo lo amable y de buen nombre.

Satanás usa la duda y el temor para engañarlo, a fin de que acepte la derrota. Pero usted puede vencerlo con el poder de Dios, y la fe en Su PALABRA.

Fe 🏃
en acción

✋ **Acérquese hoy al SEÑOR con confianza, y rechace toda duda.**

Fortalézcase al orar en lenguas.

Notas:

_____

_____

_____

_____

_____

_____

_____

_____

_____

_____

_____

_____

_____

_____

_____

_____

_____

_____

_____

_____

_____

Su conexión por la noche

El poder de hablar en lenguas

Por Gloria Copeland

Como ya comenzamos a hablar del tema en la enseñanza pasada, quiero tomar un momento más para mencionarle algunos beneficios de orar en lenguas. Admitámoslo, todos tenemos una debilidad no importa quienes seamos… o cuánto nos ejercitemos en el gimnasio. Aunque seamos hijos de Dios, si vivimos en este planeta, tenemos una debilidad. Dicha debilidad puede derribarnos, justo cuando creemos que estamos bien cimentados. Y ésta puede hacer que actuemos como pecadores por fuera, cuando por dentro somos santos.

¿Cuál es esa debilidad? Nuestra carne.

Esa respuesta es correcta, pues el cuerpo de carne y sangre en el que usted habita, no ha renacido como su espíritu. Si su carne desea tomar el control, lo llevará de un fracaso a otro. Y créame, si no hace nada para detenerla, ésta tomará el control.

Por esa razón, es necesario que usted desarrolle su vida espiritual a tal punto que su espíritu en realidad domine y gobierne su carne. Si esto le parece algo difícil de realizar, no se preocupe, no lo es. De hecho, el Señor se encargó de que fuera fácil para todos. Y en Judas 20, se nos enseña cómo podemos lograrlo: "Mas ustedes, amados, edifiquen [construyan] su santísima fe, cada vez más y más, orando en el Espíritu Santo" (*AMP*).

La mayoría de creyentes no lo sabe, pero orar en el espíritu u orar en otras lenguas es un ejercicio espiritual que fortalece su ser interior. Al igual que una pesa tonifica sus brazos, orar en lenguas tonifica su espíritu. Y si ora de manera constante, llegará al punto donde su espíritu podrá mantener bajo sujeción su cuerpo carnal.

Quizá usted se pregunte: "Hermana Gloria, ¿y por qué no puedo orar sólo en mi propio idioma?".

Porque en la Biblia se afirma que su "debilidad" se lo impide. La mayoría de veces, su mente no sabe cómo orar conforme a lo que usted necesita. Y tampoco sabe cómo expresar oraciones que le ayuden a combatir las tentaciones que vienen a su camino. Su mente no está tan informada como su espíritu. Pues su espíritu está en comunión con Dios.

Así también el [Santo] Espíritu viene a ayudarnos en nuestra debilidad; porque no sabemos qué oración ofrecer, ni ofrecerla como es debido, pero el Espíritu mismo se une a nuestras súplicas y ruega a favor nuestro con gemidos tan profundos que no se pueden describir. Y Dios es quien escudriña los corazones de los hombres, sabe qué hay en la mente del [Espíritu] Santo [y cuál es Su propósito] porque Él intercede y ruega [delante de Dios] por los santos, de acuerdo y en armonía con la voluntad de Dios.

—Romanos 8:26-28 (*AMP*)

En la última enseñanza, hablamos de que orar en el espíritu le ayudará a declarar la perfecta voluntad de Dios para su vida. Entonces si usted ora en lenguas, se traslada del ámbito natural al espiritual; a fin de que sin importar cuán débil o desconocedor sea de lo que sucede en lo natural, pueda orar de manera eficaz.

Por esa razón, hubo tanta persecución por este tema. ¡El diablo odia que lo hagamos! Pues sabe que es la única manera en que los creyentes pueden orar más allá de su entendimiento.

Satanás entiende (aunque nosotros no) que todo recién convertido puede orar en lenguas, tener la mente del Espíritu y comenzar a crecer rápido. De esa forma fue como creció la iglesia de Jerusalén; pues no podían acudir al libro de Efesios ni a la carta a los Colosenses. Lo único que tenían a su disposición era la habilidad y el entendimiento que el Espíritu Santo les daba. Y al utilizar esa herramienta, transformaron al mundo entero.

Ahora bien, orar en lenguas puede transformar su mundo. Orar en lenguas lo animará y lo ayudará a andar conforme al poder del Espíritu; por tanto usted ya no caminará más conforme a la debilidad de la carne.

Pero recuerde, debe hacerlo por voluntad propia. El Espíritu Santo es un caballero, no irrumpirá en su vida para obligarlo a orar en el espíritu. Él esperará a que usted se disponga a hacerlo.

¿Qué pasará si usted no lo hace? No estará preparado, cuando vengan los problemas.

Permanezcan preparados

En Lucas 21:36, Jesús dijo: «*Velad, pues, en todo tiempo orando que seáis tenidos por dignos* [o como se nos afirma en la versión *AMP*: "a fin de que tengan toda la fuerza y la habilidad"] *de escapar de todas estas cosas que vendrán, y de estar en pie delante del Hijo del Hombre*».

Si anhela tener la fuerza y la habilidad de obtener la victoria en tiempos difíciles, será mejor que invierta algo de tiempo en oración.

Por esa razón, Jesús instó a Pedro y a los otros discípulos a orar en el huerto de Getsemaní. Él sabía que estaban a punto de enfrentar la prueba más difícil de su vida. Les dijo: «*Velad y orad, para que no entréis en tentación; el espíritu a la verdad está dispuesto, pero la carne es débil*» (Marcos 14:38).

Sin embargo, en las Escrituras se nos indica que ellos en lugar de obedecer, se durmieron. Y en la vida de Pedro en particular, podemos ver cuáles fueron los resultados de haber tomado esa decisión. Cuando la tentación se presentó, él cayó en la trampa, y negó al SEÑOR.

Es probable que usted también llegue a experimentar esa situación. Pues la tentación lo atacará, mientras usted siga viviendo en un cuerpo mortal. Por tanto, será mejor que esté preparado; invierta tiempo orando en lenguas, antes de que eso suceda.

Si usted ha estado invirtiendo mucho tiempo con el SEÑOR, es probable que estas indicaciones no sean nuevas para usted. Pues, tengo la certeza de que Dios ya le habló acerca de invertir más tiempo para orar en el espíritu.

Recuerdo cuando el SEÑOR me habló la primera vez de la importancia de hablar en lenguas. Le había estado pidiendo a Dios que me revelara cómo dejar de vivir en lo natural y bajo las circunstancias, y comenzar a vivir en el espíritu. Y la primera instrucción que me dio fue: *Ora en el espíritu una o dos horas al día.*

En aquel entonces, había invertido años en la PALABRA. Por lo regular, invertía mucho tiempo leyendo y meditando en ella —y eso causó una gran revolución en mi vida—. No obstante, sabía que algo me hacía falta.

El Señor me indicó que además de leer la PALABRA, debía orar más en el Espíritu. Esa fue una instrucción tan sencilla que me sorprendí de no haberme dado cuenta antes. En 1 Corintios 14:14, leemos: *«Porque si yo oro en lengua desconocida, mi espíritu ora…».* Entonces, cuando empecé a orar más en lenguas; comencé a fluir más en mi espíritu y a darle más libertad.

Así como darle libertad a su carne es vivir en la carne; darle libertad al espíritu es vivir en el espíritu. Mientras más liberaba mí espíritu hablando en lenguas, más control tomaba el espíritu sobre mi vida. Descubrí que funciona justo como se indica en la Biblia: *«…Andad en el Espíritu, y no satisfagáis los deseos de la carne»* (Gálatas 5:16). Fue más fácil para mí oír y obedecer a mi espíritu, en el cual habita el Espíritu Santo.

Es muy fácil, ¿verdad? Sin embargo, el enemigo ha tratado de ocultarnos esa simplicidad, pues sabe que una vez que la pongamos por obra; no tendrá oportunidad de hacernos daño. Observe, él está limitado, y no puede tocar su espíritu renacido. La única herramienta que tiene para trabajar, es su carne. Si usted sabe qué necesita para someter su carne —orar en el espíritu, vierte espíritu en la carne; y esto causa que la carne le obedezca a Dios como debe hacerlo— ¡el diablo no podrá ganar terreno en su vida!

Los beneficios de la revelación

Ahora bien, ésos no son los únicos beneficios de orar. De hecho, ¡ése sólo es el comienzo! Lea lo que el apóstol Pablo escribió al respecto: *«Porque el que habla en lenguas no habla a los hombres, sino a Dios; pues nadie le entiende, aunque por el Espíritu habla misterios»* (1 Corintios 14:2).

¿Qué son los misterios? Son cosas que desconocemos. Por ejemplo, debemos averiguar cuál es la perfecta voluntad de Dios para nuestra vida, cuál es nuestra función específica en el cuerpo de Cristo, qué pasos debemos tomar cada día; a fin de cumplir el plan que Dios ha diseñado para nosotros.

¡Sólo Dios puede revelarnos esos misterios! En 1 Corintios 2:9-10, se nos indica: *«Antes bien, como está escrito: cosas que ojo no vio, ni oído oyó, ni han subido en corazón de hombre, son las que Dios ha preparado para los que le aman. Pero Dios nos las reveló a nosotros por el Espíritu; porque el Espíritu todo lo escudriña, aun lo profundo de Dios».*

Tal vez usted se pregunte: "¿Pero cómo voy a recibir la revelación de todas esas cosas, si estoy orando en un idioma que no entiendo?".

Por esa razón, en la Biblia se nos indica que debemos pedir la interpretación (1 Corintios 14:13). A medida que usted comience a orar en el espíritu, Dios le traerá la revelación. Quizá no obtenga la interpretación al instante, pero ésta surgirá de su interior. Obtendrá una imagen, una palabra o un pensamiento. Dígale al SEÑOR: *Enséñame las cosas que no entiendo, y muéstrame las cosas que no veo.* Entonces usted comenzará a obtener la revelación de las cosas que antes no entendía.

Todos necesitamos de las revelaciones de Dios. Nadie es tan inteligente como para no necesitarlas. Dios tiene mejores cosas para nosotros de las que podemos ver o siquiera imaginar. Y orando en el espíritu es como cubrimos en nuestra oración cosas más allá de nuestro entendimiento y expectativa. De esa manera, podemos recibir: *«…mucho más abundantemente de lo que pedimos o entendemos…»* (Efesios 3:20).

Si todos empezamos a orar la voluntad de Dios por medio del poder del Espíritu, ¡ésta era llegará a su fin muy pronto! Pues cuando oramos en el espíritu, Dios nos revela misterios; y puede utilizar nuestra boca y nuestra autoridad para profetizar Su plan sobre el planeta.

¡Alabado sea Dios!, cada uno de nosotros —desde el más pequeño hasta el más grande— podemos formar parte de esto; pues es muy sencillo. Cada uno de nosotros puede orar a diario en lenguas, si así lo desea. No necesitamos ser los más inteligentes del mundo para hacerlo. Sin embargo, si lo hace, ¡habrá tomado la decisión más inteligente de su vida!

Reflexión Diaria

¿Por qué es importante declarar sólo las palabras que concuerden con lo que deseamos?

_____

_____

_____

¿Cómo puede dejar de dudar?

_____

_____

¿Cuál es la debilidad que todos tenemos?

_____

_____

¿Cuáles son los beneficios adicionales de orar en lenguas?

_____

_____

_____

_____

_____

La oración de fe
del día

SEÑOR, hoy me acerco a Ti confiadamente, sin duda de que harás lo que has prometido. Te doy gracias por que a medida que lleno mi corazón y mi boca con Tu PALABRA y oro en el espíritu; seré más lleno de poder y de sabiduría para llevar a cabo Tu perfecta voluntad. En el nombre de Jesús. Amén

Testimonios reales que le ayudarán a edificar su fe

Grandes bendiciones

El mes pasado, pedí oración para que mi hija obtuviera un empleo. En una semana, la llamaron de una compañía. Ella esperaba que le ofrecieran USD $43,000 o USD $45,000. ¡Pero le ofrecieron USD $53,000! Ésa fue la más rápida y más **grande** respuesta que hayamos recibido en oración.

Sovereign V.
Virginia

Capítulo cinco
Orando con autoridad

Hoy, aprenderás acerca de:

La autoridad que se encuentra en el nombre de Jesús.

Cuál es el poder que respalda el nombre de Jesús.

Cómo activar a tus ángeles para que obren a tu favor.

Tu conexión por la mañana

El nombre de Jesús
Por Kenneth Copeland

Te guste o no si eres un creyente que has comenzado a desarrollar tu vida de oración; ya te encuentras en una guerra espiritual. Los problemas a los que nos enfrentamos, son causados por fuerzas satánicas tales como: principados, potestades, gobernadores de las tinieblas de este siglo y huestes espirituales de maldad en las regiones celestes (Efesios 6:10-18). Ahora bien, nuestra responsabilidad es utilizar las armas de nuestra milicia para pelear la buena batalla de la fe. Y una de esas armas poderosas, es el nombre de Jesús.

Cada creyente tiene el privilegio de usar el nombre de Jesús en sus oraciones. Cuando oras en el nombre de Jesús, inmediatamente obtienes la atención de Dios; y también obtienes la de Satanás.

El nombre de Jesús, contiene la máxima autoridad en el reino espiritual; y eso lo encontramos en Filipenses 2:9-10: «*Por lo cual Dios también le exaltó hasta lo sumo, y le dio un nombre que es sobre todo nombre, para que en el nombre de Jesús se doble toda rodilla de los que están en los cielos, y en la tierra, y debajo de la tierra*». Así también, en el nombre de Jesús, el creyente tiene la autoridad para: «*…hollar serpientes y escorpiones, y sobre toda fuerza del enemigo…*» (Lucas 10:19). Satanás conoce el poder que conlleva ese Nombre, y huirá cuando lo confesemos con fe (Santiago 4:7). En la *Traducción en lenguaje actual* encontramos ese versículo de la siguiente forma: Por eso, obedezcan a Dios. Háganle frente al diablo, y él huirá de ustedes.

Leamos Hebreos 1:3-4: «*el cual, siendo el resplandor de su gloria, y la imagen misma de su sustancia, y quien sustenta todas las cosas con la palabra de su poder, habiendo efectuado la purificación de nuestros pecados por medio de sí mismo, se sentó a la diestra de la Majestad en las alturas, hecho tanto superior a los ángeles, cuanto heredó más excelente nombre que ellos*». Si el nombre de Jesús es más excelente que el de los ángeles —quienes tienen una buena relación con Dios—, ¡imagínate cuánto más excelente es sobre el nombre de Satanás! Pues, ¡el enemigo es un simple ángel caído!

Antes de que Jesús ascendiera al cielo, comisionó a Sus discípulos para que fueran a todo el mundo: «*…Toda potestad me es dada en el cielo y en la tierra. Por tanto, id… a todas las naciones… En mi nombre echarán fuera demonios… sobre los enfermos pondrán sus manos, y sanarán*» (Mateo 28:18-19; Marcos 16:17-18). Así como una esposa tiene el derecho de usar el apellido de su esposo, a nosotros se nos ha dado el nombre de Jesús para usarlo en la batalla contra Satanás. Tenemos la autoridad de declarar Su nombre, en Su lugar.

Cuando Pedro y Juan ministraron al hombre en la puerta de la Hermosa, lo hicieron en el nombre de Jesús. En Hechos 3:6, encontramos: «*Mas Pedro dijo: No tengo plata ni oro, pero lo que tengo te doy; en el nombre de Jesucristo de Nazaret, levántate y anda*». Luego, Pedro explicó lo que había sucedido en Hechos 3:12-13, 16:

> … Varones israelitas, ¿por qué os maravilláis de esto? ¿o por qué ponéis los ojos en nosotros, como si por nuestro poder o piedad hubiésemos hecho andar a éste? El Dios de Abraham, de Isaac y de Jacob, el Dios de nuestros padres, ha glorificado a su Hijo Jesús… Y por la fe en su nombre, a éste, que vosotros veis y conocéis, le ha confirmado su nombre; y la fe que es por él ha dado a éste esta completa sanidad en presencia de todos vosotros.

Pedro estaba usando la autoridad que Jesús le había dado unos días antes. Los primeros apóstoles no tenían en sí mismos un poder especial para realizar obras maravillosas. Su santidad no los hacía especiales. Es más, ellos no contaban con el Antiguo Testamento escrito. Sólo podían declarar el nombre de Jesús en fe, y el Espíritu Santo realizaba las poderosas obras. El maravilloso avivamiento que transformó a la Iglesia Primitiva, fue causado por un solo mandamiento: "**Id en el nombre de Jesús**". El poder que contiene el nombre de Jesús nunca ha cambiado.

Ejerciendo el poder

La mayoría de creyentes sabe que gracias al nombre de Jesús son salvos, pues en la Biblia se nos enseña: «*…todo aquel que invocare el nombre del Señor, será salvo*». Y también se afirma que Él bendice abundantemente a quienes lo invocan (Romanos 10:12-13). Cuando invocas un nombre, estás demandando el poder que existe en éste. Por ejemplo, cuando un oficial de la policía te dice: "¡Alto en nombre de la ley!", la ciudad que representa respalda las palabras que él expresó. Es como si toda la estructura corporativa de la ciudad estuviera hablando. El oficial de la policía está ejerciendo el poder que respalda el nombre de la ley.

Para saber cuánta confianza puedes depositar en un nombre, debes investigar el poder que lo respalda. Si una persona escribe un cheque, está demandando el poder del nombre de su cuenta bancaria. Si tienes los suficientes fondos en el banco, entonces hay suficiente poder para cumplir con las demandas.

El poder que respalda el nombre de Jesús, ¡es el poder del mismísimo Dios todopoderoso! En 1 Juan 3:22-23, leemos: «*…cualquiera cosa que pidiéremos la recibiremos de él, porque guardamos sus mandamientos, y hacemos las cosas que son agradables delante de él. Y este es su mandamiento: Que creamos en el nombre de su Hijo Jesucristo, y nos amemos unos a otros como nos lo ha mandado*».

Cree en el amor

Tenemos un mandamiento: Creer en el nombre del Hijo de Dios. Creer en Su nombre, es demandar el poder de Su nombre, por ello, Jesús expresó: «*…todo cuanto pidiereis al Padre en mi nombre, os lo dará*» (Juan 16:23). El poderoso nombre de Jesús, está disponible para ti. Sé consciente del derecho y del privilegio que tienes de usar ese nombre. Pídele al Espíritu Santo que te revele esa verdad en tu corazón. Recuerda que Su ministerio es guiarte a ti, a toda verdad (Juan 16:13).

El nombre de Jesús es la llave que abre la bodega celestial. Y ese nombre, puede llevar a cabo lo mismo que Jesús puede hacer. Declarar Su nombre es como realizar algo en Su lugar. De acuerdo con Filipenses 2:9-11, todo el conjunto de la existencia —cielo, Tierra, y lo que hay debajo de la Tierra— doblarás sus rodillas, y confesará con su boca que Jesús es el Señor para la gloria de Dios Padre. El nombre de Jesús, es el Nombre sobre todo nombre. Cuando resucitó, Jesús heredó el mismo nombre de Dios (Hebreos 1:4). Para medir el poder que respalda Su nombre, tendrías que medir primero el poder del Dios todopoderoso. Eso es algo imposible, pues Su poder es inmesurable; y Él desea utilizarlo a tu favor.

El amor de Dios, en Jesús, hace que Él use Su poder. En 1 Juan 4:16, leemos: *«Y nosotros hemos conocido y creído el amor que Dios tiene para con nosotros…»*. Cuando seas consciente de cuánto Dios te ama, te percatarás que tienes el mismo derecho de usar el nombre de Jesús como cualquier otra persona. Por tanto, cree que Dios te ama.

Una vez que reconozcas cuánto Dios te ama, te darás cuenta que Él no te ha dejado indefenso ni sin poder para pelear en contra del diablo. Dios cubrió todo lo relacionado con Satanás con el poder que conlleva el poderoso nombre de Jesús. Entonces ¡cuando ores, usa ese Nombre con libertad y confianza en la cara de tu adversario!

Fe en acción

Realiza todo —incluyendo la oración— en el nombre de Jesús y con Su autoridad.

Notas:

Notas:

Tu conexión
por la noche

Activa a tus ángeles para que obren a tu favor

Por Gloria Copeland

¿Sabías que Dios envió ángeles a la Tierra para tu servicio? En Hebreos 1:14, encontramos la siguiente interrogante: «*¿No son todos espíritus ministradores, enviados para servicio a favor de los que serán herederos de la salvación?*». Los ángeles de Dios fueron enviados para ministrar a los herederos de la promesa de Abraham (Génesis 17), y de acuerdo con Gálatas 3:29, tú y yo somos: «... *herederos según la promesa*».

Los ángeles de Dios fueron enviados para realizar todo lo necesario, a fin de cumplir las promesas de Dios en la Tierra. Fueron designados para darle LA BENDICIÓN de Abraham a tu descendencia en la presente generación. De la misma forma que Dios cumplió Su pacto con Isaac, Él está obligado, por Su propia PALABRA, a cumplir Su pacto contigo. En Gálatas 3:29, se nos enseña: «*Y si ustedes son de Cristo, entonces son descendencia de Abraham, herederos según la promesa*» ¡Alabado sea Dios! Si ya aceptaste a Jesús como el Señor de tu vida, entonces es simiente de Abraham y heredero de su bendición.

Los ángeles están en la Tierra para darles el Nuevo Pacto (el cual es el cumplimiento del Antiguo Pacto) a los herederos de la promesa. Desde Génesis hasta Apocalipsis, tú puedes ver a los ángeles dándole el pacto de Dios a Abraham y a tu descendencia. En la Palabra, se nos enseña que la ley era dada por medio de los ángeles (Gálatas 3:19, *Traducción en lenguaje actual*). En la concordancia *Young´s Analytical Concordance*, leemos que la palabra **ángel** es un *mensajero* o *agente*. Imagínate a los ángeles como si fueran la CIA: ¡Centro de Inteligencia Angelical! Esas siglas no significan eso, ¡pero ésa es la idea! Los ángeles son agentes de Dios quienes velan porque Su PALABRA y Su pacto, se cumplan en la Tierra.

En Salmos 103:20-21, leemos que los ángeles son ministros de Dios quienes cumplen Su voluntad: "Bendigan al SEÑOR, ustedes Sus ángeles, poderosos en fortaleza, que cumplen Sus mandamientos, obedeciendo la voz de Su palabra. Bendigan (alaben con amor y con gratitud) al Señor, ustedes todos Sus ejércitos, ministros Suyos que hacen Su voluntad". (*AMP*)

¿Y cuál es la voluntad de Dios? En Salmos 35:27 encontramos la respuesta: «...*Sea exaltado Jehová, que ama la paz de su siervo*». El deseo de Dios es que tú prosperes en todas las áreas de la vida: en tus relaciones, en tu salud, en tus finanzas —en **todas** las áreas— ¡Alabado sea Dios!

En Hebreos 12:22 se nos enseña que el número de ellos es incontable. Y en otra versión se traduce como: "multitudes incontables de ángeles" (*AMP*). En Apocalipsis 5:11, en referencia a los ángeles, leemos que: «...*su número era millones de millones*».

Hilton Sutton, compartió con nosotros en una ocasión que el cálculo más cercano a esa cantidad es 100 mil millones de ángeles. Cien mil millones (en números), son 100,000,000,000,000. ¡Creo que esa cantidad es suficiente para establecer el pacto de Dios en la Tierra! No hay escasez de ángeles. Imagínese —si hay 7 mil millones de personas en la Tierra, y **todas** ellas fueran salvas, serían 14,000 ángeles para ministrar a cada uno de nosotros—. ¡Eso es maravilloso!

El rey de Siria envió caballos, carros y un gran ejército para atrapar al profeta Eliseo:

> Cuando el siervo del hombre de Dios se levantó temprano y salió, había un ejército con caballos y carros rodeando la ciudad. El siervo de Eliseo le dijo, ¡Ay, mi señor! ¿Qué haremos? Eliseo contestó, no temas porque más son los que están con nosotros que los que están con ellos. Entonces Eliseo oró: Señor, te ruego que abras sus ojos para que él pueda ver. Y el Señor abrió los ojos del joven y él pudo ver, y la montaña estaba llena de caballos y carros de fuego alrededor de Eliseo.
>
> —2 Reyes 6:15-17, *AMP*

¡La montaña estaba llena de ángeles! Los ángeles de Eliseo estaban preparados para cumplir el pacto de Dios. Eliseo tenía suficientes ángeles a su servicio para encargarse "de un gran ejército". No existe escasez de ángeles.

Por lo general, los herederos de la promesa no hacen uso del poder de los ángeles. Sin importar, en qué estés ejerciendo tu fe, basado en la PALABRA, ten la certeza de que hay suficientes ángeles para realizar el trabajo. ¡Dios puede, y es poderoso para cumplir Su PALABRA! sólo encárgate de creer, y Dios se encargará de hacer la obra; ¡Tu cree, y Dios lo **cumplirá**!

Tú eres un heredero de la promesa, por tanto Dios te asignó ángeles; y la misión de ellos es cumplir la promesa que Dios le hizo a Abraham, en tus circunstancias y en tu vida. En resumen, ellos están aquí para prosperarte de la misma forma que prosperaron a Abraham.

No existe escasez de ángeles

Imagina que te encuentras en esta situación: Tienes de 10,000 a 100,000 obreros trabajando para prosperarte. Si estos hombres trabajaran sólo ocho horas al día sin cobrarte ni un centavo, ¿cuánto tiempo crees que necesitarían para hacerte rico? Por supuesto, tendrías que permitirles trabajar y no interrumpirlos, a fin de que cumplan con su misión. Imagínate, si una multitud de hombres trabajando en lo natural, pueden prosperarte; ¿qué podrían realizar los ángeles de Dios quienes obran conforme a Su sabiduría sobrenatural? ¡El Señor ha preparado para nosotros una provisión más allá de lo que podamos imaginar!

En Efesios 3:20, leemos acerca de nuestro Dios como: «*...Aquel que es poderoso para hacer todas las cosas mucho más abundantemente de lo que pedimos o entendemos, según el poder que actúa en nosotros*». El Señor prometió que multiplicaría la descendencia de Abraham **abundantemente**; y que sería Dios para ellos. Nosotros nos sentimos felices con tan sólo recibir lo que hemos pedido, sin embargo, de acuerdo con lo que acaba de leer; ¡Dios ha hecho un pacto con nosotros, y está dispuesto a realizar más abundantemente de lo que podamos pedir o pensar

Creo que en estos últimos días, vamos a depender de la herencia que nos pertenece por medio de LA BENDICIÓN de Abraham, y viviremos por encima de nuestros pensamientos naturales. Si eres simiente de Abraham, lo que necesitas para disfrutar las provisiones del pacto, es obedecer la PALABRA de Dios. Podrás obtener estas provisiones, a través de la fe en Jesucristo (Gálatas 3:22). «*Conoce, pues, que Jehová tu Dios es Dios, Dios fiel, que guarda el pacto y la misericordia a los que le aman y guardan sus mandamientos, hasta mil generaciones*» (Deuteronomio 7:9).

Hace años, decidimos obedecerle a la PALABRA de Dios y hemos prosperado. Sin embargo, hoy en día decidí ir más allá de todos los límites, para permitirle a Dios que me bendiga en abundancia. Pues ¡soy heredera de la promesa! Tú puedes continuar limitando a Dios, si así lo deseas; pero en lo que a mí respecta, quiero ser bendecida más abundantemente de lo que pueda pedir o pensar (¡y soy muy buena pidiendo, y pensando!).

Creo que Dios cumplirá Su pacto en mi vida, y en mi generación. Estoy dispuesta a recibir LA BENDICIÓN de Abraham en mi tiempo. No limitaré a Dios en lo que pueda pedir o pensar. Activo mi fe, a fin de disfrutar a plenitud el cumplimiento de las promesas en mi vida. No dudo de la promesa de Dios. Estoy plenamente convencida de que Él cumplirá, lo que prometió (Romanos 4:20-21). Y yo cumpliré con mi parte de recibir.

Poniendo a tus ángeles a obrar

Entonces, ¿cómo activas a tus ángeles en oración? Usando tus palabras. Las palabras ponen a los ángeles a trabajar a tu favor, y hacen que las cosas que has confesado sucedan. Las palabras que salen de tu boca, atan o desatan a los ángeles para obrar a tu favor. Si confiesas palabras de fe respaldadas por la PALABRA de Dios, tus ángeles tienen la libertad de hacer realidad lo que deseas. "Bendigan al Señor, ustedes Sus ángeles, poderosos en fortaleza, que cumplen Sus mandamientos, obedeciendo la voz de Su Palabra" (Salmos 103:20, *AMP*). Cuando de continuo colocas la PALABRA de Dios en tu boca, mantienes a tus ángeles trabajando; a fin de que realicen lo que confesaste.

Los ángeles están esperando tus palabras. Incluso en el Antiguo Testamento, el ángel le dijo a Daniel: «*...fueron oídas tus palabras; y a causa de tus palabras yo he venido*». Las palabras de Daniel pusieron a obrar al ángel. Por supuesto, ahora nuestros ángeles tienen más libertad de obrar que en los días de Daniel; pues Dios ya derrotó a Satanás, y éste no tiene la misma autoridad que tenía antes de que Jesús lo despojara de todo su poderío y autoridad. Los ángeles ya fueron enviados. No suben y bajan, como los vio Jacob. Ya fueron enviados para ministrar a los que son herederos. ¡Están aquí, ahora! (Hebreos 1:14).

Al momento que ejerces tu fe en tu pacto, los ángeles trabajan para que obtengas el resultado de tu fe. Ellos son seres espirituales, hábiles y poderosos. Tú no puedes verlos trabajar con tus ojos naturales, tampoco puedes ver cuánto han logrado alcanzar a tu favor. Sin embargo, sí puedes creerle a la PALABRA de Dios y saber que están haciendo su trabajo; el cual es ministrarte las 24 horas del día. Eso es todo lo que hacen. Si declaras sólo la PALABRA de Dios, y confiesas únicamente las palabras que quieres que sucedan, ¡los ángeles trabajarán para ti de forma constante!

Reflexión diaria

¿Qué autoridad se encuentra en el nombre de Jesús?

¿Cuál es el poder que respalda el nombre de Jesús?

¿Qué hacen los ángeles?

¿Cómo activar a tus ángeles para que obren a tu favor?

Notas:

La oración de fe
del día

Dios Padre, me levanto en el nombre de Jesús, confesando Tus palabras y palabras de fe; con las cuales envío a mis ángeles a cumplir el trabajo que éstas les han indicado realizar. Te agradezco, pues la autoridad que el enemigo tenía sobre mí, ¡ha sido destruida! ¡Alabado sea Dios!

Testimonios reales que te ayudarán a edificar tu fe

Orando con autoridad

El 12 de octubre, me enfermé con un horrible moqueo y congestión nasal; además de eso, estuve vomitando durante todo el día y no me podía levantar de la cama. Al día siguiente, me levanté; sin embargo, aún seguía enferma. Llegó un momento en el que ya no soportaba el dolor ni la enfermedad, me encontraba deshidratada, y pensé que debía ir al hospital. ¡Ya había usado 3 cajas de pañuelos de papel para limpiarme la nariz!

Así que, llamé a KCM para pedir oración, y le comenté a la consejera la enfermedad que tenía. Ella hizo una oración pidiéndole a Dios que detuviera el moqueo, y declaró paz sobre mi estómago. Le ordenó a la enfermedad que **desapareciera** en el nombre de Jesús. Cuando colgué el teléfono, en el transcurso de 30 minutos, el moqueo que tenía se detuvo y mi estómago tuvo paz. ¡Y desde ese día, no me he vuelto a enfermar!

Karen P.
Texas

Capítulo seis
Tipos de oraciones efectivas

Hoy, aprenderás acerca de:

Cómo realizar la oración de común acuerdo

Cómo realizar la oración de atar y desatar

Cómo realizar la oración de petición

El significado de la oración unida

El significado de la oración de dedicación y adoración

El significado de la oración de compromiso.

Tu conexión por la mañana

Tipos de oración I

Por Kenneth Copeland

En la Palabra de Dios se nos indica que debemos orar: «*en todo tiempo con toda oración*» (Efesios 6:14, 18). En otras versiones lo leemos de la siguiente forma: "Con todo tipo de oración" o "diferentes clases de oración". En la versión *AMP*, leemos: "con toda [forma de oración]". Existe más de un tipo de oración, y es vital que comprendas la importancia de cada una, a fin de utilizarlas de acuerdo con tu necesidad. Ahora bien, vamos a estudiar cada tipo de oración, basados en la PALABRA.

En esta sección, estudiaremos la oración de común acuerdo, la oración de atar y desatar, y la oración de petición y súplica.

La oración de común acuerdo

Cuando oramos basados en Mateo 18:18-20, la oración de común acuerdo cubre cada circunstancia de la vida:

De cierto os digo que todo lo que atéis en la tierra, será atado en el cielo; y todo lo que desatéis en la tierra, será desatado en el cielo. Otra vez os digo, que si dos de vosotros se pusieren de acuerdo en la tierra acerca de cualquiera cosa que pidieren, les será hecho por mi Padre que está en los cielos. Porque donde están dos o tres congregados en mi nombre, allí estoy yo en medio de ellos.

Usaré como ejemplo el área de las finanzas para explicarte este tipo de oración. Primero, ponte de acuerdo con la PALABRA. Lee las Escrituras concernientes a este tema, y ora. En algunas ocasiones, Gloria y yo escribimos nuestros acuerdos de la siguiente manera:

Fundamentados en Filipenses 4:19 y Mateo 18:19, nos presentamos en común acuerdo, basados en los siguientes puntos: Padre, en Tu PALABRA leemos que Tú suplirás todas nuestras necesidades conforme a Tus riquezas en gloria. Y estamos de acuerdo con que Tú suples nuestra necesidad financiera de acuerdo con Tu PALABRA. Creemos que recibiremos (sea específico)_____. Y establecemos este acuerdo en el nombre de Jesús. Amén.

Amén significa: *Que así sea*. En lo que a nosotros respecta, ese problema ya está resuelto. Entonces, a partir de ese momento comenzamos a darle gracias a Dios; pues sabemos que si deseamos ver resultados, **no** debemos titubear. Pues titubear es dudar.

Si Satanás nos ataca con duda, simplemente le hablamos con autoridad en el nombre de Jesús; y le expresamos: "No creeremos tus mentiras. Recibiremos nuestra respuesta porque está escrito en la PALABRA, pues nos hemos puesto de acuerdo y lo hemos escrito". En lo que a nosotros respecta, esa necesidad ya está suplida. No hay duda al respecto, pues ya nos pusimos de acuerdo con la PALABRA. Y como consecuencia, nuestra confesión y nuestras acciones se alinearán con lo que hemos establecido como la verdad.

Te animo a que escribas tus acuerdos. Verlos escritos en una hoja de papel, ¡hará la diferencia! Te ayudará en tu confesión y en tus acciones, y en tu acuerdo.

Jesús afirmó que si dos personas se ponen de acuerdo en la Tierra, Él velará para que ese acuerdo se cumpla (Mateo 18:19). Tú te encuentras en la Tierra, por tanto, calificas como una de esas personas. Si te pones de acuerdo con otro creyente por alguna petición que se alinee con la PALABRA, Él se manifestará para velar que esa petición se cumpla.

Jesús desea que estés de acuerdo, y Él se encargará de cumplir lo que acordaste. La palabra **acuerdo** se traduce en la versión *AMP* como: "Coincidir y estar en armonía, o crear una sinfonía juntos". En una ocasión el TÉRMINO sinfonía, captó mi atención; así que lo busqué en el diccionario y descubrí que tiene que ver con utilizar todos los instrumentos disponibles. Entonces debes alinear tu espíritu, tu mente y tus acciones con la PALABRA.

Estar de acuerdo en lo espiritual, es estar de acuerdo con la PALABRA de Dios. Por tanto, establece en tu mente que la PALABRA es verdadera y que se cumplirá.

Mantén tu mente fortalecida, pues ése es el campo de batalla de Satanás. Controla tus pensamientos. Escribe tus acuerdos, eso te ayudará a controlarlos. Mantenlos a la vista, de modo que cuando tu mente trate de cambiar de parecer, puedas controlarla leyendo tus acuerdos. No le ates las manos a Dios, permítele llevar a cabo Su obra.

Debes ponerte de acuerdo en tu espíritu y alma (mente). Después, tus acciones tienen que alinearse. Si te has puesto de acuerdo con respecto a tus finanzas, mantente a la expectativa de que el dinero vendrá. Esperar es parte de estar en un acuerdo. Si te pones de acuerdo en oración por algo, y no actúas basado en ese acuerdo; no esperes que tu acuerdo se cumpla. Pues tus acciones siempre dominan tus pensamientos.

Estar de acuerdo con alguien, hace que la oración funcione. Puedes experimentar un nivel de común acuerdo con la PALABRA, y ver el poder que esa armonía produce; a medida que perdonas y te pones de acuerdo con otro creyente. De esa manera, puedes producir cambios en gobiernos, en familias y en la vida de los demás. Con el poder de la oración, puedes cambiar tu situación financiera, tu iglesia; e incluso, al pastor. Busca a alguien que se ponga de acuerdo contigo, con respecto a la PALABRA.

La oración de atar y desatar

Dios anhela que el Cuerpo de Cristo controle las fuerzas malignas de este mundo. Debemos cambiar las circunstancias para que se alineen con la voluntad de Dios, y así poner a Satanás bajo la planta de nuestros pies por medio de Su poder. Arruinemos sus planes, su conspiración y sus ataques en contra del pueblo de Dios

La oración de atar y desatar detiene las obras de Satanás. En Mateo 12:29, leemos: «*Porque ¿cómo puede alguno entrar en la casa del hombre fuerte, y saquear sus bienes, si primero no le ata? Y entonces podrá saquear tu casa*». Tú posees autoridad sobre Satanás (Lucas 10:19). Ejerce esa autoridad, a través de la oración de atar y desatar. «*De cierto os digo que todo lo que atéis en la tierra, será atado en el cielo; y todo lo que desatéis en la tierra, será desatado en el cielo*» (Mateo 18:18).

Cuando ejerces tu autoridad, con la cual te invistieron en la Iglesia, le estás hablando directamente a Satanás. Fundamenta tu fe en la obra redentora que Jesús realizó en el Calvario.

Cuando Jesús resucitó de los muertos, le quitó a Satanás la autoridad que tenía sobre la humanidad; la cual le fue delegada de nuevo, al Cuerpo de Cristo en la Tierra. Por tanto, ata a Satanás en el nombre de Jesús.

Muchas veces Gloria y yo, le añadimos un párrafo extra a nuestra oración de común acuerdo: "Satanás, te atamos y te dejamos indefenso en esta situación. Te especificamos por escrito que fuiste atado en el nombre de Jesús". A partir de ese momento, le damos gracias a Dios; pues Satanás fue atado y quedó incapaz de poder actuar en esa situación. Rehusándonos a permitir que se entrometa en nuestra decisión.

La oración de petición y súplica

Las palabras **petición** y **súplica** pueden definirse como: "Una petición formal dirigida a un alto poder". Esta oración cambia las circunstancias, y está basada en Filipenses 4:6: «*Por nada estéis afanosos, sino sean conocidas vuestras peticiones delante de Dios en toda oración y ruego, con acción de gracias*».

Para comprender mejor, te daré un ejemplo: Supongamos que necesitas una audiencia con el gobernador de tu estado. Y después de acudir a los lugares apropiados para solicitarla, la obtienes. ¿Irías a la oficina de esta persona sin estar preparado? ¡Claro que no! Tendrías tus ideas ya formuladas, y los argumentos establecidos en tu mente mucho antes de obtener esa audiencia con él. Entonces, ¿no deberías actuar de la misma manera cuando te acercas ante Dios? En Hebreos 4:16, leemos: «*Acerquémonos, pues, confiadamente al trono de la gracia...*».

No realices la oración de petición y súplica, sin saber qué deseas expresar y cómo expresarlo. Entra al trono de la gracia, con tu petición escrita con base en la PALABRA. Comienza formulándote a ti mismo estas preguntas: ¿Qué sucedió en el Calvario? ¿Cómo afecta la situación que estoy enfrentado el sacrificio que Jesús realizó en mi lugar? Luego, averigua lo que Dios ya realizó con respecto a tu situación. Si necesitas sanidad, busca escrituras de sanidad. Presenta tu petición, sin importar cuál sea tu situación, el Padre ya ha provisto una respuesta en Su PALABRA. En la Cruz, se pagó el precio por tu liberación.

Lee la guía de estudio al inicio de este kit, el cual contiene enseñanzas para la vida; y obten un ejemplo exacto de cómo funciona la oración de petición y súplica. En el siguiente capítulo, estudiaremos tres tipos más de oración.

Fe en acción

Disponte a orar hoy, y escoje la oración que mejor se acople a tu necesidad; a fin de que logres un cambio en tu situación.

Notas:

_____

_____

_____

_____

_____

_____

_____

_____

_____

_____

_____

_____

_____

_____

_____

_____

_____

_____

_____

_____

Notas:

Tu conexión por la noche

Tipos de oración II

Por Kenneth Copeland

Mientras aprendemos los diferentes tipos de oración, en esta sección estudiaremos: La oración unida, la oración de dedicación y adoración, y la oración de compromiso.

La oración unida

En estos últimos días, se habla muy pocas veces acerca de la oración unida. También se ha enseñado muy poco acerca de cómo orar juntos en voz alta, fundamentados en la PALABRA. Hoy en día, en la mayoría de nuestras iglesias, casi siempre una persona es la que dirige la oración. Sin embargo, en la mayoría de casos que se relatan en la Biblia; se ven involucrados todos los creyentes, orando en unidad. Hechos 4:21-31 es el fundamento para la oración unida. Detente por un momento y toma tu Biblia para leer esa escritura. Pedro y Juan fueron arrestados, y los llevaron ante el concejo religioso. Ahí fueron amenazados de muerte si seguían predicando en el nombre de Jesús. Luego, volvieron con los suyos y les contaron a todos lo que había sucedido. Cuando el pueblo escuchó lo que les dijeron, **todos** oraron. Liberamos un gran poder, por medio de la oración unida.

¿Cuál fue el resultado de esa oración? Leamos, Hechos 5:12 para saberlo: *«Y por la mano de los apóstoles se hacían muchas señales y prodigios en el pueblo»*. Recibieron la respuesta exactamente como lo pidieron en oración. El sistema político de esa época, intentó detener la manifestación del poder de Dios; pero no lo logró porque los creyentes declararon la oración unida basados en la PALABRA de Dios.

Como el Cuerpo de Cristo, necesitamos ponernos de acuerdo, como uno solo, en la PALABRA de Dios y esperar resultados. ¡Pues eso, hará que las cosas cambien!

La oración de dedicación y adoración

Entonces llegó Jesús con ellos a un lugar que se llama Getsemaní, y dijo a sus discípulos: Sentaos aquí, entre tanto que voy allí y oro. Y tomando a Pedro, y a los dos hijos de Zebedeo, comenzó a entristecerse y a angustiarse en gran manera. Entonces Jesús les dijo: Mi alma está muy triste, hasta la muerte; quedaos aquí, y velad conmigo. Yendo un poco adelante, se postró sobre su rostro, orando y diciendo: Padre mío, si es posible, pase de mí esta copa; pero no sea como yo quiero, sino como tú

—Mateo 26:36-39

La oración de dedicación y adoración conlleva una gran cantidad de poder. Por ello, debemos saber cómo funciona y cuándo debe usarse. En el pasado, esa oración se malinterpretaba. Cuando el leproso se acercó a Jesús y le dijo: "Sé que Tú puedes sanarme… si quieres", Jesús le respondió: "Sí quiero". Jesús ya sabía que la voluntad del Padre era la sanidad. Ni siquiera tuvo que orar: "Padre, si es Tu voluntad". La voluntad de Dios debe cumplirse en la Tierra, así como en el cielo (Mateo 6:9-10). Y en el cielo no existe la enfermedad.

Sólo en la oración de dedicación y adoración, la condicionante "si" no será una expresión de incredulidad. En todas las demás oraciones, utilizar la palabra "si", puede causar incredulidad. Entonces, orar por sanidad, ya sea por la tuya o por la de alguien más, es un tipo de oración que cambia las circunstancias; por consiguiente, en este caso no argumentes: "Si es Tu voluntad".

La incredulidad estorba nuestra oración. Sin embargo, la mayoría de personas oran diciendo: "Si es Tu voluntad", creyendo que están siendo humildes. Pero en realidad, tu oración denota falta de conocimiento en la PALABRA de Dios.

La oración de dedicación alinea tu voluntad con la voluntad de Dios; a fin de que obtengas la victoria en tu situación. Esta oración te une a Dios, y te dirige hacia el mismo objetivo. Muchas veces, las personas corren en dirección contraria a la voluntad de Dios; y esperan que Él respalde sus esfuerzos por conseguir algo. No obstante, permite que Dios forme parte de tus esfuerzos, incluso antes de hacer algo. Nunca temas rendirle tu voluntad a Él, ¡pues el SEÑOR desea que triunfes! La voluntad de Dios siempre será beneficiarte. Cuando descubras lo que el Padre desea que tu realices, y lo lleves a cabo; Tu vida será una manifestación del cielo sobre la Tierra. En la Palabra leemos: "Pongan sus obras en las manos del Señor [entréguenselas y confíenselas completamente a Él; y Él hará que sus pensamientos se alineen a Su voluntad, y] entonces, ¡sus planes se establecerán y tendrán éxito!" (Proverbios 16:3, *AMP*).

Cuando efectúas la oración de dedicación y vives conforme a ella, experimentarás la paz de Dios; pues en realidad estás confiando en Él. En Isaías 26:3, se nos enseña: *«Tú guardarás en completa paz a aquel cuyo pensamiento en ti persevera; porque en ti ha confiado»*.

La oración de compromiso

Esta oración se efectúa cuando tú, por voluntad propia y de forma definitiva, comprometes un área de tu vida al SEÑOR. Por ejemplo, si pones en práctica lo que estoy a punto de compartirte, éste será el último día en que tendrás que preocuparte. Pues te comprometerás a entregarle por ti mismo, todas las penas y preocupaciones de tu mente a Él; a fin de disfrutar de la paz divina.

Dios está de manera rotunda en contra de la preocupación. La preocupación no produce nada más que estrés, presión y muerte. Jesús, al igual que Pablo, también predicó en contra de la preocupación. Toda la Biblia está en contra de la preocupación, pues ésta fue diseñada por Satanás.

Tomemos Filipenses 4:6-7 como un mandato: *«Por nada estéis afanosos, sino sean conocidas vuestras peticiones delante de Dios en toda oración y ruego, con acción de gracias. Y la paz de Dios, que sobrepasa todo entendimiento, guardará vuestros corazones y vuestros pensamientos en Cristo Jesús»*. En la versión *AMP*, leemos: "No se angustien o estén ansiosos por nada". Y, en 1 Pedro 5:6-7: *«Humillaos, pues, bajo la poderosa mano de Dios, para que él os exalte cuando fuere tiempo; echando toda vuestra ansiedad sobre él…».* No dice sólo el 75% de tu ansiedad. Tampoco vemos que diga todo, excepto tus hijos o tus finanzas. Entonces ésta debe ser tu confesión cada mañana: *No tengo ansiedad, porque la he echado toda sobre Él.* Saca todo pensamiento de preocupación que quiera oprimir tu mente, entrégale al Señor todas tus cargas.

Supongamos que tu estuvieras a unos seis metros de mí, y yo te lanzara las llaves de mi automóvil. Si alguien se acercara a mí, y me expresara: "Hermano Copeland, necesito las llaves de su automóvil. Necesito usarlo". Yo le respondería: "No puedo ayudarlo, pues le entregué mis llaves a alguien más. Y ya no las tengo". No dije que las llaves dejaron de existir ni que no las tuviera. Tampoco dije que no podía recuperarlas. Si yo te las pidiera, tú me las darías. Pero si alguien desea las llaves del automóvil, tendría que hablar contigo, porque yo te las entregué.

Lo mismo debemos hacer con nuestras preocupaciones. Es necesario que se las entreguemos al SEÑOR, ¡y ya no pedírselas! Si Satanás envía pensamientos de preocupación a tu mente, diciéndote: "Y si…", dile que hable con Dios al respecto. Porque ahora lo que te preocupaba está en las manos del SEÑOR, ¡no en las tuyas!

Muchas personas desean que Dios quite sus preocupaciones de forma sobrenatural. Pero de esa manera, no se obtiene la paz de Dios. La paz del SEÑOR viene por actuar conforme a Su PALABRA, la cual declara que echemos toda nuestra ansiedad y preocupaciones sobre Él. Por tanto, reemplace esos pensamientos con la PALABRA. En Filipenses 4:8, se nos ordena que debemos pensar en: «…*todo lo que es verdadero, todo lo honesto, todo lo justo, todo lo puro, todo lo amable, todo lo que es de buen nombre; si hay virtud alguna, si algo digno de alabanza, en esto pensad».*

Tú eres el único que controla tu mente. En la PALABRA se nos asegura que la paz de Dios protegerá, tu corazón y tu mente (Filipenses 4:7). La parte que te corresponde es la de mantener tus pensamientos bajo control.

En 2 Corintios 10:5, se nos enseña: «*derribando argumentos y toda altivez que se levanta contra el conocimiento de Dios, y llevando cautivo todo pensamiento a la obediencia a Cristo».* Las personas me han dicho que no pueden dejar de preocuparse. Pero ¡sí pueden! Cualquiera puede dejar de preocuparse. En el versículo anterior, vemos que las armas de nuestra milicia no son carnales, sino poderosas en Cristo Jesús para la destrucción de fortalezas. Las fortalezas de Satanás se encuentran en la mente. El enemigo hace sugerencias como: "No funcionará esta vez. Y si… Pero…".

Sin embargo, el poder de Dios empieza a obrar, cuando echas toda tu ansiedad sobre Él. Mientras más te preocupes por algo, sólo impedirás el fluir de Su poder y le atarás las manos.

Medita en estas tres escrituras: 1 Pedro 5:6-7; 2 Corintios 10:5 y Filipenses 4:6. Ahora bien, en Josué 1:8, se nos indica que si meditamos en la PALABRA de día y de noche, Dios nos revelará cómo lograrlo. En Filipenses 4:9, leemos: «*Lo que aprendisteis y recibisteis y oísteis y visteis en mí, esto haced…».* ¡A medida que le prestes atención a estos versículos, el Espíritu Santo te revelará esta verdad; y así podrás actuar conforme a ella!

Ahora, leamos Filipenses 4:13: *«Todo lo puedo en Cristo que me fortalece».* Tú no tienes que preocuparte de nuevo.

El GRAN YO SOY habita en ti, y Él está por encima de las circunstancias. Comprométete a realizar esta oración. Y jamás volverás a preocuparte.

Así funciona la oración de compromiso, ya sea con las preocupaciones o con otra área de tu vida que desees rendirle al SEÑOR.

Reflexión diaria

¿Qué es la oración de común acuerdo?

_____

_____

¿Qué es la oración de atar y desatar?

_____

_____

¿Qué es la oración de petición?

_____

_____

¿Qué es la oración unida?

_____

_____

_____

¿Qué es la oración de dedicación y adoración?

_____

_____

_____

¿Qué es la oración de compromiso?

_____

_____

_____

_____

Notas:

_____

_____

_____

_____

_____

_____

La oración de fe
del día

Padre, vengo a ti, basado en Tu PALABRA; en la cual se afirma que Tú suplirás todas mis necesidades. Tu PALABRA es Tu voluntad, y cuando oro en fe de acuerdo con Tu PALABRA, creo que mi oración será respondida. En el nombre de Jesús, amén.

Testimonios reales que te ayudarán a edificar tu fe

Una oración de Navidad

El 13 de septiembre, nuestras vidas fueron bendecidas con el nacimiento de nuestro nieto, Jaydon. Él fue una respuesta a las oraciones de su hermana Ally (y claro, también a las nuestras).

Unas semanas antes de Navidad del año pasado, mi nieta Ally, de diez años; me dijo que quería un hermanito para Navidad. Me reí, y le dije que su "Nana" no podía hacer nada por esa petición; pero ella sí podía orar al respecto. Y así lo hizo.

El 25 de enero, nuestra hija, Krissy, llamó para contarme que no se había estado sintiendo bien; y que se había hecho una prueba de embarazo, y salió positiva. El embarazo fue una gran noticia, pues ella no había podido quedar embarazada durante muchos años. Unas semanas después de que su embarazo fue confirmado, Krissy recordó la petición de oración de Ally en Navidad, y me llamó. Escuché a Krissy en el patio preguntarle a Ally si había orado por un hermanito, lo cual fue muy divertido porque escuché a Ally responderle a su madre de una forma sencilla y muy natural

Ron W.
Kentucky

Capítulo siete
Orando por
un cambio

Hoy, aprenderás acerca de:

El poder de la oración de intercesión.

Por qué la intercesión es considerada la máxima expresión de amor.

Los dos tipos de ayuno, y en qué se diferencian.

Qué cambios produce el ayuno.

Tu conexión
por la mañana

La oración de intercesión
Por Kenneth Copeland

La oración de intercesión se realiza en beneficio de los demás. A través de Su PALABRA, Dios ha llamado al Cuerpo de Cristo al ministerio de intercesión. En 1 Timoteo 2, se nos indica lo siguiente: «*Exhorto ante todo, a que se hagan rogativas, oraciones, peticiones y acciones de gracias, por todos los hombres…*». Debido al tiempo crucial en el cual vivimos, el mover del Espíritu Santo está haciendo que los creyentes de todo el mundo, respondan el llamado a la intercesión.

¿Por qué somos llamados a interceder? Porque Dios no realiza nada sobre la Tierra, sin la cooperación de hombres y mujeres que lo amen. El SEÑOR desea que trabajemos a Su lado, a fin de cumplir Su voluntad. La humanidad aún posee la autoridad sobre la Tierra, y fue Dios quien se la dio.

Isaías 59:16-17, es una magnífica escritura para iniciar nuestro estudio del arte de la intercesión: «*Y vio que no había hombre, y se maravilló que no hubiera quien se interpusiese; y lo salvó su brazo, y le afirmó su misma justicia. Pues de justicia se vistió como de una coraza, con yelmo de salvación en su cabeza; tomó ropas de venganza por vestidura, y se cubrió de celo como de manto*». ¿A quién representa Su brazo? A Jesús. El único propósito de ese intercesor era pedir que Jesús viniera a la Tierra. Él se vistió con el yelmo de la salvación y la coraza de justicia; la misma armadura que se menciona en Efesios 6 para el Cuerpo de Cristo.

Jesús vino a desempeñar el papel de un intercesor, por tanto, nosotros debemos vestir la misma armadura y entrar al mismo campo de oración. Su brazo traerá de nuevo la salvación. Como intercesores, nosotros representamos Su brazo en este mundo; a fin de que haya reconciliación entre la humanidad y Dios. Jesús afirmó: «*Como me envió el Padre, así también yo os envío*» (Juan 20:21). La armadura es la misma, y el llamado también es el mismo.

Quizá te preguntes: "¿Me estás diciendo, que yo tengo el mismo llamado que Jesús tuvo?". ¡Por supuesto que sí! En 2 Corintios 5:18, leemos que a nosotros se nos ha entregado el ministerio de la reconciliación. Jesús afirmó: «[Ustedes] *Id por todo el mundo y predicad el evangelio a toda criatura*» (Marcos 16:15). También añadió: «*…las obras que yo hago, las hará también* [ustedes]*; y aun mayores hará, porque yo voy al Padre*» (Juan 14:12). Y Él ya se fue con el Padre, ¿no es así? Por tanto, tú y yo somos los responsables de llevar a cabo esas obras. Él nos proveyó el nuevo nacimiento. Dios estableció en Ezequiel 36:26, que pondría un nuevo espíritu en nosotros, Jesús también declaró en Juan 14:17 que Su Espíritu estaría en nosotros. Esa revelación nos da el derecho, y el asombroso poder para formar parte del ministerio de intercesión.

La máxima expresión de amor

La intercesión se considera como la máxima expresión de amor. Es amar en el espíritu, ejerciendo el poder espiritual a favor de otra persona. La intercesión vence las influencias malignas que han mantenido atada a una persona. Tu oración puede ser por salvación, sanidad o liberación en cualquier otra área que Satanás te esté atacando.

En 2 corintios 4:3-4, se nos enseña: «*Pero si nuestro evangelio está aún encubierto, entre los que se pierden está encubierto; en los cuales el dios de este siglo cegó el entendimiento de los incrédulos, para que no les resplandezca la luz del evangelio de la gloria de Cristo, el cual es la imagen de Dios*».

Satanás ha cegado la mente de aquellos que no han recibido el evangelio. Sin embargo, tu oración intercesora lucha contra los espíritus malignos que han engañado a esas personas. Realizar esta oración, literalmente representa entregarse a sí mismo, es decir, ofrecer tu tiempo y tu vida por los demás. Jesús declaró: «*Nadie tiene mayor amor que este, que uno ponga su vida por sus amigos*» (Juan 15:13). Ése es el amor de Dios, un amor desinteresado. El mundo no conoció esa clase de amor, hasta que Jesús vino a la Tierra. Él rindió Su vida para venir a la Tierra a vivir como hombre. Se despojó a Sí mismo de Sus privilegios divinos, y desarrolló Su ministerio como un hombre lleno del Espíritu Santo.

En Filipenses 2:7-8, leemos que Jesús: «*... se despojó a sí mismo, tomando forma de siervo, hecho semejante a los hombres; y estando en la condición de hombre, se humilló a sí mismo, haciéndose obediente hasta la muerte, y muerte de cruz*». El amor hizo que Dios enviara a Su Hijo: «*Porque de tal manera amó Dios al mundo, que ha dado a su Hijo unigénito, para que todo aquel que en él cree, no se pierda, mas tenga vida eterna*» (Juan 3:16). Jesús fue obediente, a causa de Su amor por el Padre: «*Mi comida es que haga la voluntad del que me envió, y que acabe su obra*» (Juan 4:34).

Jesús reconcilió a Dios con la humanidad, a través de Su sacrificio sustitutivo en el Calvario. Nosotros somos Sus colaboradores. La redención se pagó con un alto precio. Jesús no tomó a la ligera este sacrificio, y nosotros tampoco deberíamos hacerlo. El corazón de Dios ansiaba una familia, y Jesús se entregó a Sí mismo para cumplir ese deseo. ¡Qué gran demostración de amor!

El corazón de Dios aún tiene el mismo deseo. Él Señor anhela que todo pecador se vuelva a Él, por medio del nuevo nacimiento, y que todo creyente tenga una relación íntima con Él.

Entregar tu vida significa darlo todo. Jesús vino a desempeñar el papel de intercesor, y hoy aún continúa entregándose a Sí mismo en intercesión. En Hebreos 7:25, leemos: «*... viviendo siempre para interceder...*». Ya hemos dicho que Jesús entregó Su vida por nosotros. Sin embargo, en ese versículo se nos indica que Él continúa entregando Su vida por nosotros y sigue intercediendo. El Cuerpo de Cristo aquí en la Tierra, lleva puesta la misma armadura de oración que Él uso. Y nosotros hemos heredado Su armadura, a fin de realizar Su obra y formar parte del ministerio de intercesión.

Dios también depositó en nosotros el mismo amor que motivó a Jesús ¡a ser un intercesor! En Romanos 5:5, vemos que el amor de Dios fue derramado en nuestro corazón, por medio del Espíritu Santo. Ese amor desinteresado, el cual desea hacer a un lado sus propios deseos e interceder por alguien más, ¡habita en nuestro interior! El amor que motivó a Jesús a ir a la Cruz, nos mueve a nosotros a interceder. Por tanto, oremos por los demás para que puedan recibir el conocimiento de la verdad.

Por medio del conocimiento de la PALABRA de Dios, llegamos a comprender que Su amor se encuentra en nosotros. Ese amor nos motiva a alcanzar a los demás, y a ganar almas. Una persona que gana almas es un intercesor en acción. Jesús pagó el precio para que ganáramos almas. La oración intercesora ablanda el corazón de las personas, a fin de que reciban el mensaje de salvación.

Tu primera asignación

Tu primera asignación de oración no es interceder por ti mismo, sino por otras personas: por los reyes y aquellos que ocupan puestos de autoridad (1 Timoteo 2:1-4). Cuando respondes el llamado de la intercesión, el Espíritu Santo ora la perfecta voluntad de Dios a través tuyo.

Apártate de las cosas de este mundo. Entra a tu lugar secreto con Dios, y comprométete a interceder. Comienza orando por un grupo específico de personas: una familia, una aldea, una ciudad, un estado o por una nación. No esperes hasta sentir una carga para hacerlo. En la PALABRA, leemos que Jesús fue movido por la compasión (Mateo 9:36). La compasión no es un sentimiento, sino una persona. Ríndete a Su amor, el cual se encuentra en tu interior, y toda la motivación que necesitas vendrá de ese amor. ¡El Único que vive para interceder, habita en ti! ¡Él ya está motivado! Ríndete a Él.

En Isaías 64:7, se nos enseña: «*Nadie hay que invoque tu nombre, que se despierte para apoyarse en ti…*». El Espíritu de Dios no podrá ayudarte a interceder, a menos que estés dispuesto a despertar y a tomar esa posición de intercesión. Pablo le dijo a Timoteo que avivara el don de Dios que se encontraba en él (2 Timoteo 1:6). Por tanto, ¡avívalo!

Comienza a orar, poniéndote a disposición del Espíritu Santo, y de nuevo ríndete a Él. Permítele usar tu vida, a fin de que puedas orar por aquella persona por la que nadie más ora. Permanece en la brecha por ella. Comienza orando por el lugar donde vives, y permite que tu oración alcance el resto del mundo. Tú, literalmente, estarás peleando una guerra espiritual a favor de los demás. El apóstol Pablo, expresó: «*Porque quiero que sepáis cuán gran lucha sostengo por vosotros, y por los que están en Laodicea, y por todos los que nunca han visto mi rostro*» (Colosenses 2:1). Éste fue el mismo conflicto del que Pablo habló en Efesios 6, cuando expresó que nuestra lucha no es contra carne ni sangre; sino contra principados, potestades y gobernadores de las tinieblas de este mundo y huestes espirituales de maldad en las regiones celestes (Efesios 6:12). La familia de Dios no tiene como fundamento el egoísmo, sino el amor. Por ello, la intercesión es la máxima expresión de amor.

Cuando ores por las personas que necesitan a Jesús, recuerda que en la Biblia se nos enseña que debes atar a Satanás para saquear su casa (Mateo 12:29). Entonces, tendrás que enfrentar a todas las fuerzas del mal que han tenido atadas a esas personas. No te detengas sólo porque al parecer no están recibiendo nada, pues tu intercesión está presionando a Satanás y a sus secuaces. No te rindas, persevera en oración. Ellos deberán tomar su propia decisión, pero a través de tu intercesión; podrán tomar esa decisión, y ya no estarán cegados por Satanás.

Presenta estas Escrituras delante del Espíritu Santo, y dale la oportunidad de revelártelas de forma personal. Él es el Maestro, y puede mostrarte cómo funcionan. Puedes despertar el don de la intercesión en tu interior, con el simple deseo de saber cómo obra la intercesión.

El arte de la intercesión: es aferrarse al Espíritu Santo, a fin de producir cambios eternos en la vida de los demás.

Fe 👤
en acción

✋ **Intercede por una persona, una familia, un lugar o una nación.**
Ora fervientemente por otros en el espíritu, ¡no te rindas!

Notas:

Tu conexión
por la noche

El ayuno: Desatando una corriente de poder

Por Kenneth Copeland

Un canal del amor y del poder de Dios. Como creyente nacido de nuevo y lleno del Espíritu, eso debes ser. Cuando ese canal se abre y el poder fluye, puedes hablar en nuevas lenguas, imponer manos sobre los enfermos y verlos sanar. Predicar con convicción y poder el evangelio a toda criatura, echar fuera demonios (Marcos 16:15-18) y vivir en el espíritu (Gálatas 5:16).

Sin embargo, en ocasiones las ocupaciones diarias de la vida, y las constantes demandas de nuestra carne, parecerán interponerse en el camino de todos nosotros. Y de algún modo, nuestro canal se obstruye a causa de las cosas de la carne; y el caudal del poder de Dios se reduce a un goteo en nuestra vida.

Éste es un problema muy común. Los primeros discípulos de Jesús lo experimentaron. Jesús les había entregado el poder para echar fuera demonios (Lucas 10:19), e incluso habían experimentado ese poder a un cierto nivel (Lucas 10:17). Sin embargo, en Marcos 9:28, los vemos confundidos por una situación en particular muy difícil. Ellos fueron en busca de un muchacho atormentado por un demonio. Y, por alguna razón, no pudieron expulsar a ese demonio. Más tarde, los discípulos le preguntaron a Jesús por qué fallaron: «*Y les dijo: Este género con nada puede salir, sino con oración y ayuno*» (versículo 29).

En esta situación, el ayuno, no era para cambiar el pensamiento o la voluntad de Dios con respecto a este joven; sino para cambiar algo en los discípulos. Jesús ya les había ordenado que echaran fuera demonios. Sin duda, ese demonio era persistente, y cuando éste se resistió, los discípulos dudaron. Si hubieran ayunado y orado, habrían sido más fuertes en el espíritu y habrían podido realizar lo mismo que Jesús hizo: ¡echar fuera demonios! (Juan 14:12).

Un herramienta espiritual

Ayunar es una valiosa herramienta espiritual. Por tanto, estudiémosla más de cerca. Básicamente, existen dos tipos de ayuno. El primero es el **ayuno proclamado** (Joel 1:14). Este tipo de ayuno te lleva al lugar donde puedes escuchar a Dios. El momento ideal para realizar un ayuno proclamado, es cuando necesitas dirección divina.

En 2 Corintios 20:1-15, leemos qué ocurrió cuando el pueblo de Dios ayunó y oró buscando Su dirección. En esa escritura, vemos que los israelitas fueron acorralados por sus enemigos; por tanto, necesitaban dirección divina con urgencia. Josafat, su rey, proclamó un ayuno con el propósito de buscar al SEÑOR. Él deseaba enfocar la atención del pueblo en Dios. ¿Por qué? Porque Dios se revela a Sí mismo a las personas que le buscan, ya sea de forma individual o colectiva.

Cuando la congregación estuvo de acuerdo, el Espíritu del SEÑOR vino sobre Jahaziel: «*y dijo: Oíd, Judá todo, y vosotros moradores de Jerusalén, y tú, rey Josafat. Jehová os dice así: No temáis ni os amedrentéis delante de esta multitud tan grande, porque no es vuestra la guerra, sino de Dios*» (2 Crónicas 20:15). ¡Imagínate, ésas fueron muy buenas noticias para los oídos de todos! El Espíritu Santo habló, y ésa fue la recompensa de su búsqueda.

El segundo tipo es el **ayuno personal** (Mateo 6). Este tipo de ayuno también conlleva recompensas gratificantes. En Mateo 6:16-18, Jesús declaró: «*Cuando ayunéis, no seáis austeros, como los hipócritas; porque ellos demudan sus rostros para mostrar a los hombres que ayunan; de cierto os digo que ya tienen su recompensa. Pero tú, cuando ayunes, unge tu cabeza y lava tu rostro, para no mostrar a los hombres que ayunas, sino a tu Padre que está en secreto; y tu Padre que ve en lo secreto te recompensará en público*». Tú eres quien decide, puedes muy bien recibir la admiración de las personas; o las recompensas de Dios. Ahora bien, para que Dios te recompense en público, la clave es ayunar en secreto. Sentirte orgulloso por ayunar, impedirá que se cumpla tu objetivo.

En Isaías 58, Dios explica el ayuno al cual está llamado el Cuerpo de Cristo. En ese versículo el SEÑOR nos habla acerca de las recompensas por las que debes creerle a Dios, cuando ayunas: «*¿No es más bien el ayuno que yo escogí, desatar las ligaduras de impiedad, soltar las cargas de opresión, y dejar ir libres a los quebrantados, y que rompáis todo yugo?*» (Isaías 58:6).

De acuerdo con ese versículo, puedes ayunar por la liberación de un amigo o de un ser amado —para librarlo de la opresión del enemigo—. También puedes ayunar por creyentes que estén llevando cargas pesadas. Y por el rompimiento del yugo de esclavitud, en tu propia vida.

Tu guía de ayuno

Ésta guía de cinco pasos para ayunar, te ayudará a colocarte en posición para recibir de Dios en lo espiritual. Te sugiero que sigas estos pasos, y ordenes tus ideas de acuerdo a ello:

1. Establece el propósito del ayuno. Sin importar qué necesites del SEÑOR, decide qué deseas obtener a través de tu ayuno antes de comenzar. Busca las promesas de Dios referentes a tu situación, y antes de iniciar tu ayuno cree que las recibirás, tu fe proporcionará los resultados que deseas. Es importante que recuerdes que la fe viene por oír la PALABRA, no por ayunar.
2. Proclama el ayuno delante del SEÑOR.

3. Antes de ayunar cree que recibes tu recompensa (Mateo 6:18). Es probable que la recompensa esté relacionada con el primer paso. El propósito del ayuno se relaciona con las recompensas. Si estás ayunando para obtener conocimiento revelado, la recompensa será recibir el conocimiento que deseas.

4. Ministra al SEÑOR. *«La palabra de Cristo more en abundancia en vosotros, enseñándoos y exhortándoos unos a otros en toda sabiduría, cantando con gracia en vuestros corazones al Señor con salmos e himnos y cánticos espirituales»* (Colosenses 3:16). Leer los salmos, es una manera de aprender a ministrar al SEÑOR. Tú ministras al SEÑOR, cuando hablas de Sus maravillosas obras. Cuando comienzas a alabarlo y a ministrarlo, ¡Él se manifiesta en tu vida! necesitas tener comunión con Dios, y Él necesita escuchar tus alabanzas y tus acciones de gracias. Un día, le expresé al SEÑOR: *Jesús, Tú eres mi Sumo Sacerdote. Recibe mi alabanza y ministra a mi Padre con ella. Hazla un incienso dulce delante de Él. Limpia todo el pecado de este deprimente planeta que haya llegado ante Su presencia. Yo le ministro con mi alabanza, con mi amor y con mi adoración; pues es justo lo que hoy necesita recibir de mí. Deseo bendecir Su corazón. No quiero contristarlo por la pecaminosidad de los seres humanos.* Entonces, comencé a comprender que mi Padre celestial necesita una oración como ésa. Un padre terrenal, ansía escuchar que sus hijos le digan cuánto lo aman, y no que sólo le pidan cosas. Expresar: **Te amo, papá**, es una declaración que capta la atención del corazón de un padre. Ahora medita, ¡en cuánto significan esas palabras para nuestro Padre celestial!

5. Ministra a los demás. Siempre ministra a los demás, después de tu ayuno. Es necesario que utilices el poder espiritual en tu interior para suplir las necesidades de las personas. Si ayunas de acuerdo con la PALABRA de Dios, te edificarás en lo espiritual. Por tanto, ministra a los demás durante tu ayuno, según te indique el Padre.

Es importante que comprendas que el ayuno en sí, no es el que produce liberación. Jesús ya obtuvo la liberación, por medio de la obra completa de redención. Y, el Espíritu Santo, quien habita en ti, sabe cómo orar para pedir la liberación que Jesús ya ha provisto. Ayunar, simplemente ayuda al espíritu de la persona, el cual está unido con el Espíritu Santo, para que tenga dominio sobre la carne. También limita la influencia del apetito físico, a fin de que pueda escuchar y responderle al Espíritu de manera más efectiva. Ayunar mejora la intercesión, y la intercesión efectiva y guiada por el Espíritu Santo; ¡libera a los cautivos!

Existen muchas recompensas en el ayuno. Puedes orar para obtener algo personal —por ejemplo, disponer de una mayor unción en tu vida y en tu ministerio—. También puedes ayunar, a fin de recibir dirección divina. Nada te acercará más a la voluntad de Dios que llevar una vida de ayuno y oración.

Sólo recuerda, ayunar no es un método para obligar a Dios a responder tus oraciones, tampoco hará cambiar de parecer a Dios; el ayuno te cambia a ti.

Reflexión
diaria

¿Qué es la oración de intercesión?

_____
_____
_____

¿Por qué la oración de intercesión es considerada la máxima expresión de amor?

_____
_____
_____

¿Cuáles son los dos tipos de ayuno, y en qué se diferencian?

_____
_____
_____

¿A quién cambia el ayuno?

_____
_____
_____

Notas:

_____
_____
_____
_____
_____
_____
_____
_____
_____
_____
_____
_____
_____
_____
_____

La oración de fe
del día

Espíritu Santo, enséñame el arte de interceder. Úsame como Tu vaso para que pueda demostrar el amor de Dios en este mundo. Me dispongo a orar por aquellos que necesiten de Ti. ¡Soy un intercesor!

Testimonios reales que te ayudarán a edificar tu fe

Una vida transformada

Mi hijo Loren, oró por Sammy —con quien había robado una joyería—, a fin de que fuera salvo. La corte envió a Loren a un centro de detención juvenil, y no a la cárcel. Y Loren puso a todo el centro de detención a orar por Sammy. En octubre del año pasado, Sammy salió de prisión y volvió a nuestra ciudad. Loren, —quien ahora vive con nosotros y se encuentra en libertad condicional— supo que Sammy ¡aceptó al SEÑOR, mientras estuvo en prisión! Sammy creció en Etiopía, y fue criado como musulmán. ¡Alabado sea Dios por la salvación de este joven!

Janet K.
Indiana

Capítulo ocho
La actitud de acción de gracias y la alabanza

Hoy, aprenderás acerca de:

Cómo obra tu fe al unir tu actitud de acción de gracias y tu alabanza

Qué significa la frase: "Sacrificio de alabanza"

La definición bíblica del gozo

Cómo el gozo y la alabanza obran juntos.

Tu conexión 🏃
por la mañana

Por Sus atrios con alabanza
Por Kenneth Copeland

La actitud de acción de gracias y la alabanza son parte integral de la oración.

En la Biblia se nos enseña que si oras conforme a la voluntad de Dios, puedes estar confiado de que el Señor te escucha, y como consecuencia, obtener la respuesta de tu petición (1 Juan 5:14-15). La PALABRA de Dios es Su voluntad. Tú no tienes que ver la manifestación de tu respuesta para creer que ya es tuya. Si crees que recibes cuando oras, puedes comenzar a alabar al Señor por la respuesta.

La fe está íntimamente ligada a la acción de gracias y a la alabanza. En Filipenses 4:6, leemos: «*Por nada estéis afanosos, sino sean conocidas vuestras peticiones delante de Dios en toda oración y ruego, con acción de gracias*».

Tú y Dios trabajan juntos: tú debes orar y Él, liberar Su poder.

La alabanza representa más que palabras, pues detrás de ésta hay poder. Dios no promulgó la alabanza, sólo para que nos enorgulleciéramos de Él. En Salmos 8:1-2, se nos afirma: «*¡Oh Jehová, Señor nuestro, cuán glorioso es tu nombre en toda la tierra! Has puesto tu gloria sobre los cielos; de la boca de los niños y de los que maman, fundaste la fortaleza, a causa de tus enemigos, para hacer callar al enemigo y al vengativo*». Jesús también citó ese pasaje, y exclamó: «*...De la boca de los niños y de los que maman perfeccionaste la alabanza*» (Mateo 21:16). Según la PALABRA de Dios, la fuerza y la alabanza son la misma cosa; el Señor estableció la alabanza para detener los ataques de Satanás.

Tu fe entra en acción, cuando crees que recibes lo que pides; a causa de lo que se encuentra escrito en la PALABRA. Por medio de la alabanza, puedes ejercer tu fe en contra de las montañas de la vida. Jesús afirmó que si tienes fe y no dudas, puedes hablarle a la montaña y ésta se moverá. Pero tendrás que mantenerte declarando, pues si dejas de aplicar la fuerza de la fe; la montaña no se moverá. Si quieres que la montaña siga moviéndose ¡hasta hundirse en el mar, y verla desaparecer de tu vista! ¡Aplica la fuerza de la fe, al alabar a Dios hasta que la montaña desaparezca!

Sé perseverante

La única manera en que Satanás puede detenerte a ti y a tu fe, es con la incredulidad. El enemigo no tiene el poder para detener a Dios. Tampoco puede evitar que la montaña se mueva hacia el mar. Por consiguiente, la única forma en que él puede obtener el éxito, es evitando que seas perseverante.

Quizá la montaña sea la enfermedad, las dolencias, el alcohol, los problemas familiares, los problemas económicos o cualquier otra obra de maldad. Pero Jesús ya pagó el precio, a fin de que obtuviéramos respuestas contra todas esas cosas. Jamás enfrentarás ningún problema que no haya sido llevado en la Cruz del Calvario.

El salmista David expresó: «*Te alabaré, oh Jehová, con todo mi corazón; contaré todas tus maravillas. Me alegraré y me regocijaré en ti; cantaré a tu nombre, oh Altísimo. Mis enemigos volvieron atrás; cayeron y perecieron delante de ti*» (Salmos 9:1-3). David no dijo "**si** mis enemigos se vuelven atrás", sino ¡**cuando** mis enemigos se vuelvan atrás! A medida que alabes a Dios, tus enemigos emprenderán la retirada. En la Biblia se nos afirma que el Señor habita en medio de las alabanzas de Su pueblo (Salmos 22:3).

No debes alabar de vez en cuando o sólo cuando sientas hacerlo. Dios es digno de tu alabanza todo el tiempo. En la Biblia se nos enseña que debemos ofrecer sacrificios de alabanza. ¿Qué hacía el pueblo de Israel, en el Antiguo Testamento, cuando enfrentaban un problema que no podían resolver? El sacerdote ofrecía sacrificios al Señor, a fin de que Él se manifestara y detuviera los ataques violentos de sus enemigos. Como creyente del nuevo pacto, tú eres un sacerdote de Dios. Pero ya no tienes que ofrecer sacrificios, pues Jesús realizó el máximo sacrificio al derramar Su sangre. Por consiguiente, tu sacrificio debe ser de alabanza. En Hebreos 13:15, leemos: «*Así que, ofrezcamos siempre a Dios, por medio de él, sacrificio de alabanza, es decir, fruto de labios que confiesan su nombre*».

En Lucas 17, Jesús ministró a los 10 hombres con lepra. Y ellos exclamaron: «*…¡Jesús, Maestro, ten misericordia de nosotros! Cuando él los vio, les dijo: Id, mostraos a los sacerdotes. Y aconteció que mientras iban, fueron limpiados*» (versículos 13-14). Y luego en el versículo 15, se nos indica: «*Entonces uno de ellos, viendo que había sido sanado, volvió, glorificando [o alabando] a Dios a gran voz*». Todos recibieron sanidad, sin embargo, sólo uno alabó a Dios sin miedo a los prejuicios. La reacción de Jesús fue: «*¿No son diez los que fueron limpiados? Y los nueve, ¿dónde están?*» (versículo 17). Y luego Él le dijo aquel hombre: «*…Levántate, vete; tu fe te ha salvado*» (versículo 19). ¡Los otros hombres recibieron sanidad, pero ese hombre se llevó el paquete completo! Y todo a causa de que perseveró en la fe. ¡Su montaña no se quedó en la orilla del mar ni se hundió sólo a la mitad! No quedaron ni rastros de la montaña de ese leproso. Esa enfermedad no tenía oportunidad alguna de volver a su vida.

Tú también puedes disfrutar de ese tipo de poder en tu vida. Si no estás familiarizado con la alabanza a Dios o no te sientes cómodo al hacerlo, pídele al Señor que te muestre la manera correcta de hacerlo. Una buena forma de comenzar, es leyendo los Salmos en voz alta. En éstos se nos expresa la grandeza y las poderosas obras del Señor. Además, en los Salmos se alaba a Dios por Su bondad, por Su poder y por Su misericordia. ¡Dios es fiel y Él perfeccionará tu alabanza!

Fe
en acción

Alaba al Señor por el rompimiento, por el cual has estado orando.

¡Dale gracias a Dios por la respuesta!

Notas:

_____

_____

_____

_____

_____

_____

_____

_____

_____

_____

_____

_____

_____

_____

_____

_____

_____

_____

_____

Tu conexión por la noche

Un destello de alabanza: El secreto para causar una combustión sobrenatural

Por Gloria Copeland

La alabanza llena tus oraciones de poder —en especial cuando la alabanza está llena de gozo—.

Hace algunos años, cuando empecé a comprender el poder sobrenatural que hay en el gozo; realicé un estudio del mismo. Durante el estudio, descubrí que el primero de los significados bíblicos para la palabra "gozo", es: **"brillar"**. El segundo es **"saltar"** y el tercero es **"deleitarse"**.[3] Pero en todos los casos, el gozo es más que una actitud. Es una acción.

A medida que avanzaba en mi estudio, también descubrí que las alabanzas llenas de gozo agradan al Señor. En Salmos 149:1-4, leemos: *«Cantad a Jehová cántico nuevo; su alabanza sea en la congregación de los santos. Alégrese Israel en su Hacedor; los hijos de Sion se gocen en su Rey. Alaben su nombre con danza; con pandero y arpa a él canten. Porque Jehová tiene contentamiento en su pueblo; hermoseará a los humildes con la salvación».*

Dios no se ofende cuando lo alabamos de manera exuberante, al contrario, le agrada. Al Señor le complace vernos brillar, saltar, y deleitarnos en Él.

En Salmos 149:5-6, se nos anuncia: *«Regocíjense los santos por su gloria… Exalten a Dios con sus gargantas, y espadas de dos filos en sus manos».*

Sé que ante los estándares protocolarios, ese tipo de alabanza no es bien visto. Sin embargo, como creyentes en lugar de ponerle atención al "que dirán", necesitamos enfocarnos en agradar a Dios. Deberíamos de tener tantos deseos de agradar al Señor, que ya no nos debería importar cómo nos vemos ante las demás personas.

Tu más grande deseo

Cuando lleguemos a ser como Jesús, y deseemos a Dios con tanta intensidad que dejemos a un lado nuestro deseo de agradar a las personas, y empecemos a alabar al Señor sin reservas. Entonces, en realidad, veremos la gloria de Dios.

¿Por qué? Porque Dios se manifiesta a Sí mismo en donde es deseado. Él se da a conocer donde hay corazones hambrientos. Dios no se va a manifestar en gran manera en la vida de las personas, cuyo corazón está rendido en una parte a Él y en otra parte al mundo.

El Señor le dijo a Moisés: «*Mas tan ciertamente como vivo yo, y mi gloria llena toda la tierra*» (Números 14:21). Ése es Su deseo, y lo ha anhelado desde hace mucho tiempo. Pero para llevar a cabo ese anhelo, el Señor necesita un pueblo que le permita ser su Dios —que no haya nada ni nadie antes que Él—. Dicho pueblo debe anhelar al Señor y Su presencia, sin importarle su reputación ante la comunidad. Y deben amarlo, más que a cualquier otra cosa que la vida les pueda ofrecer.

Hoy, Él está buscando personas dispuestas a llevar a cabo ese deseo. Es decir, personas que alaben a Dios con todo su corazón.

Si eres una de esas personas, quizá ya te hayas dado cuenta que hay gente a la que no les gusta eso. La gloria de Dios los ofende, y tal vez ni siquiera quieren estar cerca de ti.

No te asombres que a menudo las personas religiosas sean las que más te critiquen.

Después de que Jesús sanó al ciego, los líderes religiosos le manifestaron: "No alabes a Jesús, pues sabemos que es un hombre pecador" (Juan 9:24, *paráfrasis del autor*).

Las personas enfermas y hambrientas, no harían aseveraciones como esa. Ellos no son como las personas que han sido influenciadas por la religiosidad. Lo que ellos necesitan es ayuda, y no les importa de donde provenga.

Las personas necesitadas son como el hombre que nació ciego. Él le dijo a los fariseos: «*Yo no sé si es un pecador* (Jesús) —*respondió el hombre—, pero lo que sé es que yo antes era ciego, ¡y ahora puedo ver!*» (Juan 9:25, *Nueva Traducción Viviente*).

¡A eso le llamo poder!

Si tú no estás seguro de tener las fuerzas necesarias para enfrentar las críticas de las personas religiosas, te tengo algunas noticias. Puedes obtener esa fortaleza al regocijarte, pues en la Biblia se nos enseña: «*… porque la alegría del SEÑOR es vuestra fortaleza*» (Nehemías 8:10, *La Biblia de las Américas*).

El gozo y la alabanza unidos, desatan una gran fuerza en tu interior y un gran poder en el exterior. En Salmos 9:1-3, se nos explica de la siguiente manera: «*Te alabaré, oh Jehová, con todo mi corazón; contaré todas tus maravillas. Me alegraré y me regocijaré en ti; cantaré a tu nombre, oh Altísimo. Mis enemigos volvieron atrás; cayeron y perecieron delante de ti*».

Dios habita en medio nuestras alabanzas (Salmos 22:3). Y cuando, Su presencia comienza a manifestarse entre nosotros, nuestros enemigos caen. Ellos no pueden prevalecer ante la presencia de Dios. Otra prueba de ello, se encuentra en Salmos 68:1-3: «*Levántese Dios, sean esparcidos sus enemigos, y huyan de su presencia los que le aborrecen. Como es lanzado el humo, los lanzarás; como se derrite la cera delante del fuego, así perecerán los impíos delante de Dios. Mas los justos se alegrarán; se gozarán delante de Dios, y saltarán de alegría*».

¡A eso le llamo poder! Cuando el pueblo de Dios se levanta en oración y alabanza, y celebra la victoria del Señor; Sus enemigos son esparcidos.

No cabe duda que Satanás ha intentado con tanto afán lograr que el pueblo de Dios se quede en su lugar sin hacer nada. Y no hay duda de que lo ha logrado, pues nos ha atado con las tradiciones religiosas que nos enseñan a sentarnos y guardar un silencio digno (el término **digno** también puede interpretarse como "ser apacible"). A la mayoría de nosotros, la tradición religiosa nos ha enseñado que a la hora de alabar y adorar, no debemos hacer lo mismo que se encuentra en la Biblia.

¡Arde hermano(a), arde!

Pero los días de la tradición terminaron. Y me refiero a que cuando el Espíritu Santo comience a manifestarse, la vergüenza desaparecerá. En la Biblia se nos afirma: «*…y se alegrará su corazón como a causa del vino…*» (Zacarías 10:7).

¿Sabes qué le pasa a las personas que beben mucho vino? ¡Pierden la vergüenza! Y eso le pasó a los discípulos en el Día de Pentecostés. Un día antes, habían estado escondidos; sin embargo, cuando el Espíritu de Dios vino a morar en ellos, salieron a las calles y actuaron con tanto valor como los borrachos.

Presta atención a lo siguiente: Lo que Dios considera "digno", y lo que tú concideras "digno"; son dos cosas muy diferentes. El Señor anhela que seas libre, Él no quiere que sigas atado a las tradiciones religiosas y al temor del qué dirán.

Dios quiere que seas libre para reír, saltar, alabar y cantar. Él anhela que seas libre para regocijarte, y que seas libre a tal punto que aunque las personas no lo entiendan, anhelen tener lo mismo que tú tienes.

Jamás subestimes el atrayente poder del gozo, pues es como una flama de fuego que llama la atención de las personas que habitan en las tinieblas. De hecho, en un sueño que tuve, hace algunos años, el Señor le llamó al gozo: *Combustión espontánea.*

Supe el significado de ese término hasta el día siguiente. Al buscar en el diccionario, descubrí que **combustión espontánea** significa: "El proceso de atraer fuego, como resultado del calor generado por una reacción química interna".[4]

¡Así es! El gozo es el proceso de atraer el fuego, como resultado del calor que genera el Espíritu Santo.

Llegó la hora de regocijarse, de levantarnos de nuestro cansancio e implementar el poder de la alabanza en nuestra vida de oración. Al hacerlo, vamos a hacer uso del dominio del poder, de la libertad y del gozo del SEÑOR —un dominio que está vivo, y que brilla con la presencia de Dios—.

Por tanto, deja atrás la vergüenza, y toma en serio la PALABRA de Dios. Salta, grita, canta y atrae el fuego del Espíritu, y nunca dejes de brillar.

---

[4] Webster's New World College Dictionary, Forth Edition, ed. Michael Agnes, David B. Guralnik [Cleveland: Wiley Publishing Inc. 2002] "spontaneous combustion" (Combustión espontánea).

Reflexión
diaria

¿Cómo obra tu fe, al unir tu actitud de acción de gracias y tu alabanza con tu fe?

_____

_____

_____

¿Qué significa "sacrificio de alabanza"?

_____

_____

_____

¿Cuál es la definición bíblica de gozo?

_____

_____

_____

¿Cómo el gozo y la alabanza obran juntos?

_____

_____

_____

_____

Notas:

_____

_____

_____

_____

_____

_____

_____

_____

_____

_____

_____

_____

_____

_____

_____

La oración de fe
del día

Padre, me acerco a Ti, en el nombre de Jesús, con un corazón lleno de acción de gracias por las respuestas que me das. Siempre me provees y siempre me bendices. En realidad, eres digno de mi alabanza.

Testimonios reales que te ayudarán a edificar tu fe

Carta de acción de gracias

Ésta es una carta de acción de gracias para ustedes, por todas las oraciones que han hecho por mí; a fin de que recibiera sanidad del cáncer de mama con afección linfática. Después de nueve meses y medio de tratamiento, me dieron de alta. Los médicos me dijeron que mis órganos están limpios, los exámenes no mostraron ninguna anomalía, las pruebas de sangre salieron normales. Ese resultado fue posible gracias a las oraciones de hijos de Dios como ustedes, y a la fe en la promesa que afirma: "Por Sus heridas fuimos nosotros sanados".

Una vez más, gracias a cada uno de ustedes por orar por mí. Le servimos a un Dios vivo, Quien escucha y responde las oraciones. La ciencia médica le llama a esto: "dar de alta", para mí: *¡Estoy SANA en el nombre de Jesús!*

Ramona B.
Texas

Capítulo nueve
Lo que estorba tu oración

Hoy, aprenderás:

Algunos de los estorbos más comunes de la oración

Algunas cosas que podrían estorbar tus oraciones

Cómo puedes evitar quedarte en los errores del pasado

Por qué es importante que haya armonía en tu hogar.

Tu conexión por la mañana

Lo que estorba tu oración
Por Kenneth Copeland

Al llegar a este capítulo, espero que no tengas duda alguna de que el deseo de Dios es responder tus oraciones. Es más, Él nos dio Su PALABRA, a fin de que oremos conforme a Su voluntad. Cuando no recibimos las respuestas de nuestras oraciones, no es porque Dios no esté dispuesto a usar Su poder a nuestro favor; sino a los estorbos que permitimos que nos venzan. En la Biblia se nos afirma que los ojos del Señor recorren cada rincón del planeta, buscando personas cuyo corazón sea perfecto ante Él (2 Crónicas 16:9). Cuando seamos conscientes de esos estorbos y sepamos cómo vencerlos; experimentaremos el gozo de obtener la respuesta a nuestras oraciones.

La duda y la incredulidad

En el capítulo cuatro, hablamos de los dos estorbos más grandes en la vida de oración del creyente: La duda y la incredulidad. También quiero enfatizarlos en este capítulo y añadir que, aunque la duda y la incredulidad son similares; en realidad son distintas. La duda es la ladrona de las más grandes bendiciones de Dios. La duda mantiene a una persona alejada de Dios. Algunas personas dudan de la existencia de Dios o que Él haya dejado Su PALABRA para que reciban la respuesta a sus oraciones. Si no buscan la respuesta en Su PALABRA, evitan que Su poder obre a su favor.

La duda surge cuando se desconoce la PALABRA de Dios. Por ejemplo, algunas personas tienen la idea de que Dios ya no sana o que no le interesan sus problemas financieros. Y como consecuencia, sus oraciones son estorbadas.

Por otro lado, la incredulidad, surge cuando una persona sabe que Dios existe; sin embargo, no cree en Su PALABRA. Conoce las enseñanzas de la Biblia, pero decide creer en sus sentidos y en sus sentimientos. Eso definitivamente estorba tu vida de oración.

Para sacar la duda y la incredulidad de tu vida, debes convertir la PALABRA de Dios en tu máxima autoridad en todas las áreas de tu vida. Y jamás permitas que la religiosidad y tu propia prudencia sean tu factor determinante. Ora de acuerdo con la voluntad de Dios, y cree que recibirás la respuesta a tus oraciones. La PALABRA es Su voluntad, y Él no dira una cosa y hará otra; pues Dios no miente. Actúa sólo conforme a la PALABRA.

Cuando ores mantente a la expectativa de que las cosas cambiarán, pues la PALABRA no falla.

Desconocer nuestra posición correcta ante Dios

El segundo estorbo de nuestras oraciones es desconocer nuestra posición correcta ante Dios. La mayoría de personas no entiende lo que el Padre hizo en Cristo Jesús en el Calvario. Jesús se hizo pecado, a fin de que pudiéramos convertirnos en la justicia de Dios (2 Corintios 5:21). La justicia es la posición correcta ante Dios. Por tanto, tu justicia es de vital importancia en el campo de la oración.

Tu posición correcta ante el Señor te da el derecho de acercarte a Él en oración sin sentimiento de culpa, pecado o condenación. Y confiarás, sabiendo que recibirás cuando pidas creyendo en fe.

Ningún ser humano sobre la faz de la Tierra es merecedor de la justicia de Dios. Sin embargo, cuando recibimos a Jesús como nuestro Señor; adoptamos una posición correcta ante el Padre. Y somos hechos la justicia de Dios por gracia a través de la fe (Romanos 3:21-23).

En la PALABRA se nos enseña que Dios no les tomó en cuenta a los humanos sus pecados (2 Corintios 5:17-21). Jesús fue enviado para tomar nuestro lugar. Si reconoces esa verdad y permites que Él sea tu justicia, Dios responderá tus oraciones así como respondió las de Jesús.

Desconocer nuestro derecho de usar el nombre de Jesús

Desconocer nuestro derecho de usar el nombre de Jesús, es el tercer obstáculo de la oración. En la mayoría de círculos cristianos se desconoce el poder que existe en el nombre de Jesús. En Juan 16:23, leemos: «*En aquel día no me preguntaréis nada. De cierto, de cierto os digo, que todo cuanto pidiereis al Padre en mi nombre, os lo dará*».

Acércate al Padre en el nombre de Jesús. Y si tú ya te estás acercando en el poder y en la fe de Jesús, tus oraciones serán contestadas.

Ningún creyente dudaría del poder del nombre de Jesús o de que el Padre escuche ese nombre cuando ora. Entonces, ¿cuál es el problema? No creer que tenemos el derecho de usar el nombre de Jesús, es la raíz de la incredulidad. Por esa razón algunos expresan: **"¿El Padre me escuchará si oro en ese nombre?"**.

Yo tengo derecho de usar mi nombre, pues mi padre me lo dio. Él me nombró Kenneth Copeland, y nací en este mundo con el derecho de usar ese nombre. Cuando hiciste a Jesucristo el SEÑOR de tu vida, Dios se convirtió en tu Padre. En la Biblia se nos enseña que cualquier persona que crea que Jesús es el Cristo, es nacido de Dios (1 Juan 5:1). Cuando descubras que posees el derecho de utilizar el nombre de la familia, verás el poder del Señor obrando a tu favor de una manera poderosa.

La falta de perdón y la contienda

En Marcos 11:25-26, leemos acerca de otros estorbos de la oración: «*Y cuando estéis orando, perdonad, si tenéis algo contra alguno, para que también vuestro Padre que está en los cielos os perdone a vosotros vuestras ofensas. Porque si vosotros no perdonáis, tampoco vuestro Padre que está en los cielos os perdonará vuestras ofensas».* Es muy importante perdonar, pues la oración no dará resultados sin el perdón. No tengo palabras para expresarte cuán grande es su importancia.

La contienda y la falta de perdón obstruyen tu vida de oración. La contienda es producto de la falta de perdón. En Santiago 3:16, leemos: *«Porque donde hay celos y contención, allí hay perturbación y toda obra perversa».* Al agregarle a la confusión las obras perversas de Satanás, surgen los problemas. Eso crea un desastre en proceso. Y Jesús no es el responsable de ese resultado. La próxima vez que alguien te diga algo soez, grosero o poco gentil, a ti o a alguien más; toma la decisión de no formar parte de eso, y evita entrar en contienda.

Evitar la contienda es la clave para desechar la confusión y las obras perversas. Además, es el prerrequisito principal para recibir respuesta a nuestras oraciones.

Desconocer la importancia de nuestra comunión con Dios

Desconocer lo valioso que es tener comunión con Dios, es otro estorbo en tu vida de oración. Si desconoces la importancia de una relación íntima y cercana con el Señor, probablemente no verás los resultados de tu oración. Aparta un tiempo específico para estar a solas con Él, y préstale toda tu atención. Es fácil decir: "No tengo espacio en mi agenda para nada más, así que tendré comunión con Dios en el transcurso del día. Si Él tiene algo que decirme, puede hacerlo mientras estoy haciendo esto o aquello". Sí, puedes comunicarte con Dios en donde quiera que se encuentre y mientras realizas cualquier actividad, sin embargo, debes estar callado e invertir tiempo de calidad en Su presencia para escuchar Su voz. Si tienes comunión con el Señor mientras realizas tus actividades cotidianas, simplemente tendrás un monólogo.

En 1 Juan 1:3-4, se nos enseña: *«lo que hemos visto y oído, eso os anunciamos, para que también vosotros tengáis comunión con nosotros; y nuestra comunión verdaderamente es con el Padre, y con su Hijo Jesucristo. Estas cosas os escribimos, para que vuestro gozo sea cumplido».* Estás invitado a tener comunión con el Padre. Ésa fue la razón por la que Dios creó a los seres humanos en el huerto —para que tuvieran comunión con Él—.

El pasado

Y por último, anclarnos a los errores del pasado puede obstruir nuestras oraciones. Muchas veces, en lugar de dejar atrás nuestras fallas; nos aferramos a ellas a tal punto que se vuelven más reales que las promesas de Dios. Nos enfocamos en nuestros errores hasta que terminamos hundidos en la depresión, a causa del temor de que si lo intentamos, sólo volveremos a fracasar.

El recuerdo de algún fracaso financiero, puede opacar las promesas de prosperidad que el Señor nos ha dado. El dolor de haber perdido a un ser querido por una enfermedad, a pesar de nuestras oraciones, nos podría causar temor de creerle a Dios por sanidad. Estancarnos por algo que marcó nuestro pasado, puede tentarnos a darnos por vencidos ante los sueños que Dios nos ha dado para el futuro —cualquiera que sean—.

Ese tipo de situaciones pueden llevarnos a un abismo, el cual nos llevará del desánimo a la depresión, y de la depresión a la desesperanza. Sin embargo, existe una salida, el SEÑOR me la reveló hace algún tiempo mientras atravesaba por un gran tormento. Atravesé por algunos fracasos y decepciones. Y sin importar qué hiciera, parecía que no podía evitar los efectos depresivos de la situación.

De pronto, un día el SEÑOR me dijo: *Kenneth, tu problema es que estás centrando tus pensamientos en el pasado, y no en el futuro. ¡No lo hagas! La incredulidad ve hacia el pasado y expresa: "Abre los ojos, es imposible". No obstante, la fe ve hacia el futuro y afirma: "¡Sí se puede! Y de acuerdo con Mis promesas, ¡ya está hecho!". Por consiguiente, deja atrás los errores del pasado para siempre, da pasos de fe y actúa como si ya tuvieras la victoria.*

En otras palabras: Si la depresión ha causado un desplome espiritual en tu vida, puedes levantarte al quitar tus ojos del pasado y fijarlos en el futuro —un futuro que ya está garantizado en Cristo Jesús a través de las excelentes y maravillosas promesas de Su PALABRA—.

Sé que no es algo sencillo de realizar. Pero también sé que puedes lograrlo porque ahora eres una nueva criatura. Las cosas viejas de tu vida —las fallas y decepciones— pasaron y ahora ¡todo en tu vida es nuevo! (2 Corintios 5:17-18; Gálatas 2:20)!

Si el Señor ya no se recuerda de tus iniquidades (Hebreos 8:12), entonces tampoco deberías recordarlas. Por tanto, en vez de recordar las malas experiencias del pasado, medita en las promesas bíblicas para tu futuro. A medida que lo hagas, el sufrimiento espiritual, el dolor, las cargas y las heridas que te han detenido por mucho tiempo, ¡desaparecerán!

Fe en acción

Examínate y determina cuáles son las cosas que han estado estorbando tus oraciones.

Con la ayuda del Espíritu Santo, realiza los cambios necesarios de inmediato.

Notas:

_____

_____

_____

_____

_____

_____

_____

_____

_____

_____

_____

_____

_____

_____

_____

_____

_____

_____

_____

_____

_____

_____

_____

_____

_____

_____

_____

_____

_____

_____

_____

_____

_____

_____

Tu conexión por la noche

El amor en el hogar

Por Gloria Copeland

Quiero tomar un momento para enseñarle acerca de lo que mencionó Kenneth en la sección: **Tu conexión por la mañana**, acerca de que la contienda es un estorbo para recibir la respuesta de nuestras oraciones.

Kenneth y yo hemos aprendido la importancia de estar en común acuerdo en el hogar. Hemos aprendido, a través de la PALABRA, a vivir de acuerdo entre nosotros y con nuestros hijos. El poder de la armonía obra en nuestra familia. Por tanto, cuando hemos estado en común acuerdo, basados en la PALABRA de Dios; hemos visto las respuestas. No permitimos la contienda en nuestra casa, en la oficina o cualquier otra área del ministerio. ¡La contienda estorba el poder Dios!

Hemos aprendido una gran verdad: ¡Es más importante evitar la contienda que justificarla! Es mejor dar que recibir, y que la sabiduría que proviene de lo alto ama la paz; siempre es amable y esta dispuesta a ceder ante la razón. Como resultado, disfrutamos de una de las bendiciones más grandes de Dios: Un hogar gobernado por el amor.

Cuando comiences a regir tu vida por el amor de Dios, descubrirás que el lugar donde es más fácil ser egoísta es en tu hogar, con tus seres queridos. Pareciera que es más fácil actuar en amor con las demás personas; sin embargo, con tu familia eres tentado a darte el lujo de ser egoísta —como si el egoísmo no contara en el hogar—. Sólo el amor de Dios puede impedir que busques tu propio beneficio. Antes que decidas vivir conforme al amor de Dios, es probable que hayas sido más cortes y más atento, con tus amigos y conocidos que con tu familia. Sin el amor de Dios eres más exigente e intolerante con los miembros de tu familia que con los demás. Eso no tiene sentido, sin embargo, la mayoría de veces le dices cosas a tus seres queridos que no le dirías ni en sueños a alguien más.

La discordia o las discrepancias en cualquier tipo de relación, ya sea entre esposo y esposa, padre e hijo, o hermanos y hermanas; vota el escudo de la fe e impide que obtengamos las respuestas a nuestras oraciones. Al actuar de esa manera invitas a Satanás y a sus demonios a tu vida.

¡Donde hay envidia y contienda, hay confusión y obras de perversidad! (Santiago 3:16). La envidia (o los celos) y la contienda (disputa, rivalidad y ambiciones egoístas) son áreas de la tinieblas. La envidia es producto de la contienda, y ésta te abre las puertas a todas las obras de las tinieblas y trae confusión. Tus sentidos dominarán tu espíritu, y la contienda evitará que la obra perfecta del amor de Dios se realice en tu vida causando que vivas en tinieblas y no en la luz de la sabiduría de Dios.

Deten la contienda de inmediato

La contienda es mortal, detiene la fe y paraliza el poder de Dios en tu vida. Cuando notes que Satanás intente involucrarte en contienda, detenlo de inmediato en el nombre de Jesús. Aprende a resistir la contienda de la misma manera en que aprendiste a resistir el pecado y la enfermedad. Evítala, pues ésta proviene del diablo. En la PALABRA se nos enseña: «*Nada hagáis por contienda o por vanagloria...*» (Filipenses 2:3). Obedece la PALABRA de Dios, y se libre de las obras de Satanás.

La contienda y el egoísmo son lujos que un cristiano no puede darse, ¡en especial en el hogar! Si permites que el enemigo te detenga con la contienda en tu casa, ya no representaras una amenaza para él en ninguna otra parte. El hogar es el lugar donde la contienda puede alcanzar su máximo nivel, pero también es el lugar donde el amor de Dios produce las bendiciones y el gozo más exuberante. Cuando el amor gobierna tu casa, por medio de la PALABRA, esta se convertirá en una replica de los cielos en la Tierra.

Los esposos cristianos que aprenden a vivir libres de la contienda, se convierten en instrumentos poderosos para el SEÑOR Jesús. Las recompensas de vivir en armonía, son más grandes que el esfuerzo que se requiere para vivir en amor el uno al otro. Por tanto, cuando vivas en armonía, ¡tus oraciones serán efectivas!

Reflexión diaria

¿Cuáles son los estorbos más comunes en la oración?

_____

_____

¿Cuáles son algunas de las cosas que pudieron haber estorbado tus oraciones?

_____

_____

¿Cómo puedes evitar quedarte en los errores del pasado?

_____

_____

¿Por qué es tan importante tener armonía en tu hogar?

_____

_____

_____

Notas

_____

_____

_____

_____

_____

_____

_____

_____

_____

_____

_____

La oración de fe
del día

Padre, Tú me has redimido de las tinieblas de este mundo. Me rehúso a darle lugar en mi vida a la contienda, a la envidia, a los celos, a los errores del pasado, a la falta de perdón y a la duda. Por favor, revélame cualquier cosa que este estorbando mis oraciones, a fin de que éstas puedan ser fervientes y efectivas. En el nombre de Jesús. Amén.

Testimonios reales que te ayudarán a edificar tu fe

De enemigos a amigos

El mes pasado, pedí oración por mi reencuentro de secundaria. Alabado sea Dios, fue todo un éxito. Todos se asombraron de cuán bueno fue. Sin embargo, lo que más impactó mi corazón fue una compañera quien había guardado rencor durante 50 años, quien hizo las pases con su enemigo. Gracias por sus oraciones. No hay petición insignificante para nuestro Padre.

Shirley L.
Carolina del Sur

Capítulo diez
Un estilo de vida de oración

Hoy, aprenderás:

Desde el punto de vista bíblico, ¿cuál es tu papel al permanecer en oración por tu nación?

De qué manera puede impactar Proverbios 21:1 tus tiempos de oración.

Cuáles de los principios de la oración en este paquete han impactado más tu vida.

Buenos hábitos que puedes adoptar como resultado de lo que has aprendido al utilizar este paquete de oración.

Tu conexión por la mañana

El más alto nivel de poder

Por Kenneth Copeland

A medida que nos acercamos al final de este paquete de oración, debemos hablar acerca de la responsabilidad que tenemos como creyentes de orar por nuestra nación. Pues la responsabilidad de una nación no sólo recae sobre los hombros de sus políticos, sino también sobre el corazón de cada creyente a quien se le ha dado el más alto nivel de poder en la oración.

En este capítulo, te enseñaré algo sencillo, pero muy serio a la vez. La postura que adoptes con respecto a esta enseñanza, no sólo afectará tu vida y la mía; sino la de miles de personas.

Éste es un mensaje —no un mandamiento— que sin duda todos hemos escuchado antes. No obstante, la mayoría lo ha ignorado. De alguna manera hemos pensado que podemos pasar por alto nuestra responsabilidad de orar por nuestra nación, sin pagar ningún precio.

Sin embargo, nosotros mismos y nuestra nación **estamos pagando** un gran precio. Lee cualquier periódico, y tendrás una idea de cuán grande es el precio.

El fundamento de lo que estoy enseñándote se encuentra en 1 Timoteo 2:1-2. El apóstol Pablo declara: «*Exhorto ante todo, a que se hagan rogativas, oraciones, peticiones y acciones de gracias, por todos los hombres; por los reyes y por todos los que están en eminencia, para que vivamos quieta y reposadamente en toda piedad y honestidad*».

Ese versículo es claro, ¿cierto? La instrucción es sencilla. No obstante, incluso en estos agitados días cuando nuestra nación está desesperada por recibir las directrices del Señor, la mayoría de personas del pueblo de Dios no obedece ese versículo.

¿Por qué no lo hacen?

¿Será porque no nos importa? ¿Se deberá a nuestra falta de disposición para invertir un par de minutos, a diario, para orar por el futuro de nuestra nación?

No, no lo creo.

Pienso que se debe a que la mayoría de nosotros estamos abrumados por los problemas que vemos a nuestro alrededor. Y nos preguntamos: *¿Cómo puede mi oración hacer un cambio significativo en la deuda externa? ¿Cómo puede mi fe afectar la política exterior?*

En otras palabras, fallamos al orar porque fallamos en darnos cuenta del poderoso impacto que causará nuestra oración en el país.

Establecidos por Dios

Veamos algunas Escrituras, y descubramos qué se nos enseña en la PALABRA de Dios acerca de este tema.

Primero, leamos Romanos 13:1. En ese pasaje el apóstol Pablo expresó: *«Sométase toda persona a las autoridades superiores; porque no hay autoridad sino de parte de Dios, y las que hay, por Dios han sido establecidas».*

Me impresiona la poca atención que se le presta a una escritura tan importante. De hecho, si te das cuenta, ¡la mayoría de cristianos no la creen! Y puede notarlo al escuchar la manera irrespetuosa que ellos hablan de nuestros líderes.

Quizá tú digas: "Bien, si Dios estableció a esos líderes, ¿por qué no actúan como tal?".

¡Porque los creyentes a quienes ellos gobiernan no oran por ellos!

Si oráramos para que Dios obre en la vida de nuestros gobernantes, Él tomaría el control sobre aquellos que ha colocado en posiciones de autoridad. En Proverbios 21:1, se nos enseña: *«Como canales de agua es el corazón del rey en la mano del SEÑOR; Él lo dirige donde le place»* (LBLA).

¡Medita al respecto por un momento! El Señor tiene el derecho de someter, de ser necesario, la voluntad del líder de una nación, a fin de que Su pueblo sea gobernado conforme a Su voluntad.

Es más, Dios escuchará la oración de cualquier líder gubernamental. Incluso si es el más repudiado por todos. Él escuchó la oración del rey, Nabucodonosor; por consiguiente, ¡escuchará a cualquier líder!

Cuando tengas tiempo, lee el relato de Nabucodonosor en Daniel 4; pues es un buen ejemplo de lo que estamos estudiando.

Nabucodonosor fue rey de Babilonia. Él fue un gobernante impío de una nación impía. Y como tenía prisioneros de la tierra de Judá, tenía bajo su autoridad personas del pueblo de Dios. Por tanto, Dios comenzó a tratar con él.

El Señor le advirtió: **Nabucodonosor vas a volverte loco, si no enderezas tus caminos.** No obstante, se rehusó a escuchar. Y como era de esperarse se volvió completamente loco.

Permaneció en ese estado durante años. Corrió de arriba abajo a través de los bosques como animal salvaje. Pero un día clamó a Dios, y Él lo escuchó.

A pesar de ser el rey de una nación pagana, Dios intervino varias veces en la vida de Nabucodonosor, y lo escuchó cuando le clamó por ayuda. ¿Por qué? ¡Porque tenía al pueblo de Dios bajo su control!

Podemos aplicar ese mismo principio hoy. Si abrimos una puerta a través de la oración, ¡Dios tratará con nuestros líderes! Él transformará los corazones de las personas en la Casa Blanca, a fin de asegurarse que Sus hijos sean gobernados con justicia. De hecho, si tan sólo fuéramos obedientes a 1 Timoteo 2:1-2, no habría consejo gubernamental sobre la Tierra, ni rey, ni presidente, ni congreso; ni nadie que pudiera derrocar el propósito de Dios para Su pueblo.

Pero si queremos que eso ocurra, debemos tomar la PALABRA de Dios, y pelear en oración, e interceder fielmente.

Peleando la batalla

Desafortunadamente, la mayoría de nosotros desconoce lo elemental acerca de este tipo de guerra. En Efesios 6:10-12, se nos afirma que no es una batalla de carne ni sangre, sino del espíritu. De hecho, leamos esos versículos, y veamos con exactitud lo que se nos enseña acerca de esta batalla:

> Por lo demás, fortaleceos en el Señor y en el poder de su fuerza. Revestíos con toda la armadura de Dios para que podáis estar firmes contra las insidias del diablo. Porque nuestra lucha no es contra sangre y carne, sino contra principados, contra potestades, contra los poderes de este mundo de tinieblas, contra las huestes espirituales de maldad en las regiones celestes.
>
> —*LBLA*

Lee de nuevo el último versículo.

La mayoría de creyentes tiene una mentalidad tan terrenal (o carnal) que nunca se dan cuenta de dónde provienen en realidad los ataques del enemigo. Culpan las circunstancias y a las personas, y desperdician su energía luchando en lo natural en vez de pelear en lo espiritual.

¡Necesitamos abrir los ojos y ver la guerra que hay en el reino espiritual!

Es tiempo de que seamos conscientes de cuán importante es nuestro papel ante lo que pasa en el mundo. Desde el día en que Jesús nos dio la Gran Comisión, la vida y la muerte del mundo han estado en las manos de la Iglesia. Somos nosotros quienes contamos con el poderoso nombre de Jesús y el asombroso evangelio, a fin de llevar vida y abundancia a toda criatura.

Dios nos ha llamado a interceder. Él nos pidió que oráramos por aquellos en autoridad. Dios nos ha dado Su PALABRA, Su poder, Su nombre, Su autoridad y Su fe. Por tanto, tenemos todas las herramientas necesarias para orar con eficacia por nuestro gobierno y sus líderes.

Unámonos como nunca antes en intercesión por nuestra nación y por todas las naciones del mundo. Somos el pueblo de Dios, llamados por Su nombre, y podemos permanecer en fe ante el Señor por la sanidad de nuestra tierra.

Fe
en acción

Ora por quienes están en autoridad hoy, proclamando que ¡Jesús es el Señor! sobre tu nación.

Notas:

_____

_____

_____

_____

_____

_____

_____

_____

_____

_____

_____

_____

_____

_____

_____

_____

_____

_____

_____

_____

_____

_____

_____

_____

Notas:

Tu conexión
por la noche

Una vida consagrada a la oración
Por Kenneth Copeland

Gloria y yo creemos que la oración es de vital importancia para cada hijo de Dios. En el capítulo final de este paquete de oración, queremos resumir el material que hemos abarcado, compartiendo algunas instrucciones necesarias para desarrollar una vida consagrada a la oración. Dichas directrices harán que tu vida de oración se vuelva aún más eficaz.

La eficacia produce resultados. Charles Finney escribió en uno de sus comunicados: «He tenido algunas experiencias en la oración recientemente que me han inquietado». Medité en eso por un momento y me di cuenta que yo no había experimentado nada en la oración que me hubiera inquietado. Tomé la decisión de alcanzar ese nivel en mi vida de oración. Mientras me consagraba, comencé a tener algunas experiencias asombrosas.

Cuando eres preciso en tu vida de oración, estás actuando conforme al espíritu más que sólo con tu mente. Tus oídos espirituales están atentos a la voz de Dios. Entrénate para no realizar ningún movimiento sin escuchar al Espíritu de Dios. Él es el intercesor y tú el portavoz. En Romanos 8:26, leemos: «*Y de igual manera el Espíritu nos ayuda en nuestra debilidad; pues qué hemos de pedir como conviene, no lo sabemos, pero el Espíritu mismo intercede por nosotros con gemidos indecibles*». Si nunca buscas ser eficaz en la oración, jamás estarás seguro de los resultados, sólo estarás esperanzado en que algo sucederá.

Claves para ser eficaz

La venida del Espíritu Santo cambió por completo la perspectiva de la oración. A continuación, te presento una clave para ser eficaz. Jesús dijo:

En aquel día no me preguntaréis nada. De cierto, de cierto os digo, que todo cuanto pidiereis al Padre en mi nombre, os lo dará. Hasta ahora nada habéis pedido en mi nombre; pedid, y recibiréis, para que vuestro gozo sea cumplido. Estas cosas os he hablado en alegorías; la hora viene cuando ya no os hablaré por alegorías, sino que claramente os anunciaré acerca del Padre. En aquel día pediréis en mi nombre; y no os digo que yo rogaré al Padre por vosotros, pues el Padre mismo os ama, porque vosotros me habéis amado, y habéis creído que yo salí de Dios.

—Juan 16:23-27

Orar al Padre en el nombre de Jesús. Jesús respalda tu oración. Con Su nombre, obtienes acceso total al trono de Dios. El proceso se acorta cuando haces tu petición a Jesús. Él nos enseñó que oráramos de la siguiente manera: «… *Padre nuestro que estás en los cielos, santificado sea tu nombre…*» (Lucas 11:2). Si deseas que Jesús respalde tu oración, necesitas orar al Padre en el nombre de Jesús.

Cree que recibes cuando oras. En Marcos 11:24, se nos afirma: «*Por tanto, os digo que todo lo que pidiereis orando, creed que lo recibiréis, y os vendrá*». Ahora leamos el mismo pasaje, pero en la versión *AMP*: "Por esa razón, les digo que si creen (plenamente y con confianza) que les será otorgado; cualquier cosa que pidan en oración, vendrá y la recibirán". Presta atención a la palabra **otorgado**. En Juan 16:23, se nos enseña: "Y cuando llegue el tiempo del que les hablo, ya no me pedirán nada [pues ya no habrá necesidad de que lo hagan]. Les aseguro que Mi Padre les otorgará cualquier cosa que pidan en Mi nombre…" (*AMP*). **Otorgar** significa: "Conceder posesión de un título o una escritura". La única evidencia que necesitas es la PALABRA de Dios. Cree que recibes. Aprende a hacer eso cada vez que ores, y ora con tu Biblia abierta. No enfatices el problema, ora por la respuesta. Sé específico al orar, pues el Señor ya dijo que Él apresura Su PALABRA para ponerla por obra (Jeremías 1:12). Al estar de acuerdo con Su PALABRA, Él puede obrar a tu favor. Siéntete plenamente convencido que Dios es poderoso para cumplir Su PALABRA en tu vida (Romanos 4:21).

Perdona. Tu fe no obrará con eficacia si tienes un corazón lleno de falta de perdón. Jesús nos ordenó que perdonáramos (Marcos 11:24-25). Tus oraciones no serán eficaces si tienes pecado en tu vida. Las promesas no se reciben si no se cumplen las condiciones. Es necesario que te arrepientas por tu falta de perdón, y Él es fiel y justo para perdonarte y limpiarte de toda maldad. Conserva la eficacia de tu vida de oración y mantén el pecado fuera de tu vida. Mantén la puerta del perdón abierta en tu corazón. Permanece en comunión con tu Padre.

Depende del Espíritu Santo en tu vida de oración. En Romanos 8:26, leemos: «*Y de igual manera el Espíritu nos ayuda en nuestra debilidad; pues qué hemos de pedir como conviene, no lo sabemos, pero el Espíritu mismo intercede por nosotros con gemidos indecibles*». El Espíritu Santo es tu ayudador, consolador, maestro, fortalecedor, alentador, intercesor y consejero. Depende de Él al orar. Actúa en fe, no conforme a tus sentimientos.

Permanece en sintonía

Permite que el ámbito espiritual se vuelva una realidad en tu vida. Proponte ver más allá del ámbito de tus cinco sentidos. Recuerda, eres un espíritu que posee un alma y que vive en un cuerpo. Tu cuerpo sólo es "un traje terrenal" para tu espíritu. Tu cuerpo no es tuyo en realidad.

Muchas personas anhelan ver visiones o un ángel. Buscar señales que se puedan ver y escuchar con nuestros sentidos naturales es el nivel más bajo de una manifestación espiritual. Si no estás en sintonía espiritual con el Señor, no serás capaz de comprender una visión si la ves. Cuando te encuentres sintonizado espiritualmente, no necesitas tener la aprobación de tus sentidos. La PALABRA es evidencia suficiente. Dios te confirmará Su PALABRA cuando vivas por fe (Marcos 16:20), y confíes plenamente en el Espíritu Santo.

Aprende a orar por los demás. En 1 Timoteo 2:1, leemos: «*Exhorto ante todo, a que se hagan rogativas, oraciones, peticiones y acciones de gracias, por todos los hombres*». Entrénate para hacer esto antes que todo. Orar por los demás, te traerá como resultado una vida plena y pacífica en toda piedad y honestidad. Cada vez que la Iglesia de Jesucristo está en problemas, es porque sus miembros no están orando por los demás.

El apóstol Pablo dijo que la madurez espiritual demanda que cada creyente realice su parte (Efesios 4:15-16). En el versículo 16, leemos: «*de quien todo el cuerpo, bien concertado y unido entre sí por todas las coyunturas que se ayudan mutuamente, según la actividad propia de cada miembro, recibe su crecimiento para ir edificándose en amor*». Cada parte tiene algo que aportarle al resto del Cuerpo. Debemos proveernos unos a otros conforme vamos recibiendo de Dios a través de nuestra comunión con Él.

A medida que te involucres en la intercesión por el Cuerpo de Cristo, el funcionamiento del Cuerpo entero empezará a ser exitoso. Cuando ores y suplas las cosas que el Cuerpo necesita para funcionar, Satanás no podrá destruirte. Interceder hará que lleguemos a la unidad.

Te sugiero que establezcas un tiempo y un lugar para interceder —aunque inicies con 5 minutos—, ese habito crecerá a 10, a 15, a 20 minutos y así sucesivamente. Tu intercesión tiene un efecto positivo en la vida de los demás.

Orando en el Espíritu

Invierte tiempo orando en el espíritu. En Judas 20, se nos afirma: «*Pero vosotros, amados, edificándoos sobre vuestra santísima fe, orando en el Espíritu Santo*». Toma un tiempo a diario para orar en otras lenguas, en especial para tu edificación. Hacerlo te sumergirá aún más en una vida de oración y te mantendrá preparado todo el tiempo. En 1 Corintios 14:4, leemos: «*El que habla en lengua extraña, a sí mismo se edifica…*». La palabra griega que se tradujo como **edifica**, tiene un significado similar al de "cargar una batería".

Orar en otras lenguas te mantendrá sintonizado con el Espíritu. Y te ayudará a vencer las debilidades de tu carne.

Dios necesita una Iglesia que no viva conforme a la carne. Mientras vivamos en el espíritu y sembremos para el espíritu, vamos a permanecer "cargados" ¡y listos para batallar en el espíritu! Dios necesita de cada uno de nosotros en estos tiempos cruciales.

Basa siempre tu oración en la PALABRA de Dios. Una oración basada en la PALABRA, es una oración basada en la voluntad de Dios. La PALABRA es Su voluntad. En Santiago 4:3, se nos afirma: «*Pedís, y no recibís, porque pedís mal…*». Si oras conforme a la PALABRA de Dios, no vas a pedir mal. Toda Escritura fue creada para corregir e instruir (1 Timoteo 3:16). Cuando oras basado en la PALABRA, puedes tener la confianza de que no hay errores en tus oraciones.

¡Puedes tener una vida más profunda de oración!

Reflexión diaria

Desde el punto de vista bíblico, ¿cuál es tu papel al orar en fe por tu nación?

_____

_____

¿A qué se refiere Proverbios 21:1, cuando afirma: «*Como canales de agua es el corazón del rey en la mano del SEÑOR; Él te dirige donde le place*» (LBLA)?

_____

_____

¿Cuáles de los principios de oración de este paquete han impactado más tu vida?

_____

_____

¿Cuáles han sido los hábitos que has desarrollado buscando en este paquete de oración?

_____

_____

_____

Notas:

_____

_____

_____

_____

_____

_____

La oración de fe
del día

Padre celestial, hoy es el comienzo de mi vida consagrada a la oración. Hoy sé que Tú respondes mis oraciones, y yo deseo una efectiva y ferviente vida de oración. Ayúdame a permanecer firme y disciplinado en mi compromiso. Anhelo buscarte y conocerte. Tu afirmaste en Juan 10:27: «Mis ovejas escuchan mi voz, yo las conozco y ellas me siguen». Tú eres mi Buen Pastor, y te agradezco Señor por guiarme y por permitirme escuchar Tu voz. Yo te escucho Señor, en el nombre de Jesús. Amén.

Testimonios reales que te ayudarán a edificar tu fe

Dándole lugar a la reconciliación

Les pedí que oraran por nuestro hijo quien se fue de casa hace 10 años. Y el 4 de octubre le envié un mensaje a su teléfono deseándole un feliz cumpleaños. Él me llamó al día siguiente, y me agradeció por el mensaje. ¡Dándole lugar a la reconciliación! Alabado sea Jesús, y gracias por sus oraciones.

Marilyn B.
Arizona

¿En qué áreas has crecido en la fe al utilizar este paquete *Línea de vida*?

Menciona algunas maneras en qué has puesto tu fe en acción hoy.

¿De qué manera puedes bendecir a los demás esta semana?

Apéndice A

Oraciones y confesiones

basadas en la Palabra de Dios

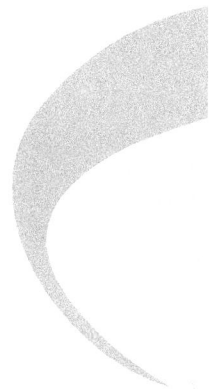

1. 1 Tesalonicenses 5:17; Lucas 18:1

Oraré sin cesar. Sí, ¡siempre oraré y no desmayaré!

2. Romanos 7:6; Hebreos 3:15

Yo te sirvo, Señor, con gozo y alegría de corazón en obediencia a las indicaciones del Espíritu Santo. Te agradezco, pues puedo escuchar Tu voz. Decido obedecer, y no endurecer mi corazón.

3. 1 Juan 5:14-15

Ésta es la confianza que tengo en el SEÑOR: Cualquier cosa que pida conforme a Su voluntad (Su PALABRA), Él me escuchará. Y debido a que Él que me escucha, todo lo que pida en fe, lo recibiré.

4. Marcos 11:24

Cuando oro, creo que recibo cualquier cosa que deseo —y la obtengo—.

5. 1 Juan 3:22-23

Cualquier cosa que le pida al Padre conforme a Su PALABRA, en el nombre de Jesús, Él me la dará.

6. Efesios 6:18

Siempre oro con toda clase de oración y súplica en el espíritu.

7. Hebreos 7:25; Romanos 5:5

Jesús vive para interceder por mí —y Su amor es derramado en mi corazón gracias al Espíritu Santo—. Por tanto, yo también viviré para interceder por los demás.

8. Filipenses 4:6; Salmos 149:6

En todo momento, con oración, súplica y con acciones de gracias; presento mis peticiones ante Dios. La mejor alabanza hacia Dios sale de mi boca, y la espada de dos filos que es la PALABRA está en mi mano.

9. Romanos 5:5

Vivo en perdón y confiado, porque el amor de Dios ha sido derramado en mi corazón a través del Espíritu Santo.

10. 1 Timoteo 2:1-2

Antes que nada, oro e intercedo por todas las personas, por los reyes y por los que ocupan puestos de autoridad, a fin de que sea guiado a una apacible y tranquila vida en toda piedad y honestidad.

Apéndice B
Oraciones para situaciones específicas

Una oración basada en la PALABRA, es una oración alineada a la voluntad de Dios. En 1 Juan 5:14-15, se nos indica que nosotros sabemos que Dios nos escucha y que responde a nuestras oraciones, cuando le pedimos de acuerdo con Su voluntad. Las siguientes oraciones, fueron tomadas de la PALABRA de Dios; y abarcan varios aspectos. Éstas te ayudarán a tener un buen inicio en tu vida de oración.

Acepta a Jesús como el SEÑOR DE TU VIDA

¿Sabes cuál es tu posición ante Dios?

Si jamás has aceptado a Jesús como el SEÑOR de tu vida, entonces te encuentras apartado de Dios, debido al pecado. Dios te ama tanto que envió a Su Hijo Unigénito a la Cruz, para salvarte. Por ti Él envió a Su Hijo a la Cruz. En Juan 3:16, leemos: «*Porque de tal manera amó Dios al mundo, que ha dado a su Hijo unigénito, para que todo aquel que en él cree, no se pierda, mas tenga vida eterna*». En 2 Corintios 5:21, se nos enseña que Dios hizo a Jesús, quien no conoció pecado, pecado por nosotros. Jesús es el Hijo de Dios sin mancha. Él no conoció pecado, pero Dios lo hizo pecado por nosotros. El pecado fue la razón por la que Jesús vino a la Tierra. Él murió en la Cruz, y bajó al infierno por una razón: Pagar el precio del pecado. Una vez que el precio fue pagado, Jesús resucitó; triunfando sobre Satanás, y resolviendo el problema del pecado para siempre.

Dios no se acuerda de tus pecados. Él envió a Jesús para que fuera tu sustituto. Él pagó la deuda, y ahora tú puedes recibir el crédito de lo que Él hizo en tu lugar (Isaías 53:3-5).

El precio ha sido pagado, sin embargo, no puedes recibir los beneficios de manera automática. Tú debes reconocer lo que Él hizo por ti, y luego aceptarlo como tu Salvador personal. Si jamás lo has hecho, házlo; acéptalo ahora. Arrepiéntete de tus pecados (por completo), y repite esta oración. Cuando lo hagas, el poder de Dios te transformará en una nueva criatura en Cristo Jesús. Ahora declara:

Padre celestial, en el nombre de Jesús, me presento ante Ti. Oro y le pido a Jesús que sea el Señor de mi vida. Lo creo en mi corazón, por tanto, declaro con mi boca que Jesús resucitó de los muertos. En este momento, lo proclamo como el SEÑOR de mi vida. Jesús entra en mi corazón. Creo, ahora que soy salvo, y declaro: ¡He nacido de nuevo, soy un cristiano y soy un hijo del Dios todopoderoso!

Referencias bíblicas: Juan 1:12, 3:16, 6:37, 10:10, 14:6, 16:8-9; Romanos 3:23, 5:8, 10:9-10, 13; 2 Corintios 5:17, 19, 21.

Una oración para ser lleno del Espíritu Santo

Después de que Jesucristo resucitó y antes de que ascendiera al cielo, nos dejó una promesa: «*Pero recibiréis poder, cuando haya venido sobre vosotros el Espíritu Santo, y me seréis testigos... [por toda] la tierra*» (Hechos 1:8). El Espíritu Santo es el único que nos llena de poder para vivir una vida cristiana victoriosa, y para hacer las obras que Jesús realizó (Juan 14:12).

Dios ya envió al Espíritu Santo. Él vino a la Tierra el Día de Pentecostés (Hechos 2). Ahora, depende de ti recibirlo en tu vida.

Cuando naces de nuevo, tú puedes recibir el poder del Espíritu Santo, así como Jesús lo recibió —por fe en la PALABRA de Dios—. Sólo debes pedírselo. Jesús declaró: «*Pues si vosotros, siendo malos, sabéis dar buenas dádivas a vuestros hijos, ¿cuánto más vuestro Padre celestial dará el Espíritu Santo a los que se lo pidan?*» (Lucas 11:13). ¡El Espíritu Santo te llenará con el mismo poder de Dios! Tú necesita que Su poder obre en tu vida. Pídeselo ahora.

Padre celestial, soy un creyente, soy Tu hijo y Tú eres mi Padre. Jesús es mi SEÑOR. Creo con todo mi corazón que tu PALABRA es verdad. En Tu PALABRA se afirma que si yo lo pido, recibiré el bautismo en el Espíritu Santo, por tanto; en el nombre de Jesucristo mi SEÑOR, te pido que me llenes abundantemente de Tu precioso Espíritu Santo. Bautízame en el Espíritu Santo. Gracias a tu PALABRA, creo que lo recibo ahora, y te agradezco por ello. Creo que el Espíritu Santo habita en mi interior, y por fe lo acepto. Ahora, Espíritu Santo, engrandécete dentro de mí mientras alabo a mi Dios. Estoy plenamente convencido de que hablaré en otras lenguas, según Tú me las des.

Medite en estas escrituras referentes al Espíritu Santo: Lucas 11:9-13; Juan 14:10, 12, 16-17; Hechos 1:8, 2:4, 32-33, 38-39, 8:12-17, 10:44-46, 19:2, 5-6; 1 Corintios 14:2-15, 18, 27; Efesios 6:18; Judas 20.

Una oración por la salvación de otros

Padre, vengo delante de Ti, en oración y en fe, creyendo. Tu Palabra afirma que Tú deseas que todas las personas sean salvas, y vengan al conocimiento de la verdad; por eso, intercedo por _____ en este día.

Anulo el poder de las obras de Satanás en la vida de _____ en el nombre de Jesús. Ahora que Satanás está atado, te pido que envíes a los obreros indicados para que le compartan las buenas nuevas del evangelio de una manera en que él/ella las escuche y entienda. Mientras se le explica la verdad, yo creo que _____ comprenderá, y podrá ser libre de la trampa del enemigo. Y aceptará a Jesús como el Señor de su vida.

Padre, te pido que llenes a _____ con el conocimiento de Tu voluntad, con toda sabiduría y con todo entendimiento espiritual. Mientras intercedo a su favor, creo que el poder del Espíritu Santo se activa, y desde este momento, te alabo y te agradezco por la salvación de _____.

Confío en que Tú velas y eres diligente procurando que Tu Palabra se cumpla, y ésta no regresa vacía. Cumplirá con sus propósito, y prosperará para lo cual fue enviada. Por tanto, mi confesión de fe es que Dios ha comenzado la buena obra en la vida de _____, y Él la cumplirá y la perfeccionará hasta el día de Jesucristo. En el nombre de Jesús.

Referencias bíblicas: 2 Pedro 3:9; Mateo 18:18, 9:37-38; 2 Timoteo 2:26; Jeremías 1:12; Isaías 55:11; Filipenses 1:6.

Una oración por armonía en el matrimonio

Padre, en el nombre de Jesús, escrito está en Tu Palabra que el amor de Dios ha sido derramado sobre nuestros corazones por medio del Espíritu Santo que nos fue dado. Gracias a que Tú estás en nosotros, reconocemos que ese amor reina con supremacía.

También creemos que ese amor se manifiesta a plenitud, nos envuelve y une en la verdad. Éste nos perfecciona para toda buena obra, a fin de que realicemos Tu voluntad; la cual es agradable ante Tus ojos.

Deseamos vivir y conducirnos, tanto en nuestra vida individual como matrimonial, de manera honorable y apropiada. Lo estimamos como precioso, digno y de gran valor. Nos comprometemos a vivir en mutua armonía y en acuerdo el uno con el otro; deleitándonos uno en el otro, teniendo el mismo sentir y unidos en el espíritu.

Padre, creemos y declaramos que somos amables, compasivos, corteses, de buen corazón y humildes. Buscamos la paz, la cual mantiene nuestros corazones en calma y confiados. Como resultado de seguir el amor y de morar en paz, nuestras oraciones no son estorbadas, en el nombre de Jesús. Somos herederos de la gracia de la vida.

Juntos nos proponemos vivir en acuerdo, en armonía, en paz, y en poder el uno para con el otro y hacia los demás. Confesamos que nuestro matrimonio se fortalece cada día en el vínculo de la unidad, pues está basado en Tu palabra; y además, está establecido y fundamentado en Tu amor. Padre, te agradecemos por el cumplimiento de ello, en el nombre de Jesús.

Referencias bíblicas: Romanos 5:5; Filipenses 1:9; Colosenses 3:14, 1:10; Filipenses 2:2, 13; Efesios 4:32; Isaías 32:17; Filipenses 4:7; 1 Pedro 3:7; Efesios 3:17-18; Jeremías 1:12.

Una oración por tus hijos

Padre, Tu Palabra es verdad y yo la creo. Por tanto, en el nombre de Jesús, creo en mi corazón y declaro con mi boca que la Palabra de Dios prevalece sobre mis hijos. En Tu Palabra se afirma que Tú derramarás de Tu Espíritu sobre mis hijos, y bendecirás a mis descendientes. Creo y declaro que mis hijos son sabios, y obedientes; y además, son el fruto de la instrucción piadosa y la corrección. Amo a mis hijos y diligentemente los disciplinaré a tiempo. Y como resultado, me darán contentamiento y descanso.

Padre, me aferro a Tu Palabra; la cual afirma que Tú pelearás con quien contienda conmigo, y Tú les darás seguridad a mis hijos y tranquilidad cada día. Confieso que Tú, Señor, le das a Tus ángeles una responsabilidad especial de cuidar a mis hijos para acompañarlos, defenderlos y preservarlos. Creo que ellos hallan favor, buena voluntad y son de alta estima ante Tus ojos y ante los ojos de las personas.

Confieso que mis hijos son discípulos, instruidos por el Señor y obedientes a Tu voluntad. Grande es su paz y su serenidad imperturbable. Creo que recibo sabiduría y consejo acerca de cómo educar a mis hijos en la disciplina e instrucción del Señor. En Tu Palabra se declara que cuando ellos sean viejos, no se apartarán de ella. Así que los confío en Tus manos, pues sé y tengo la plena confianza de que serán cuidados y bendecidos por Ti todos los días de su vida, en el nombre de Jesús.

Referencias bíblicas: Marcos 11:23; Isaías 44:3; Proverbios 13:1, 24, 29:17; Isaías 49:25; Salmo 91:11; Proverbios 3:4; Isaías 54:13; Proverbios 2:6; Efesios 6:4; Proverbios 22:6; Deuteronomio 28:6. También lee Deuteronomio 28:13; Salmos 127:3-5; Isaías 55:11; Jeremías 1:12.

Una oración por quienes desean tener hijos

Padre, deseamos tener un hijo, y debido a que en Tu PALABRA se afirma que los hijos son un regalo Tuyo, creemos que tendremos un bebé saludable y normal. Gracias a que _____ ha sido redimida de la maldición, esperamos que su embarazo llegue a término. En Tu PALABRA, se nos afirma que Tú bendecirás el fruto de su vientre, que ella no perderá ninguno de sus bebés por abortos involuntarios o por ser estéril, y que la guardarás a salvo durante todo su embarazo. Y puesto que ya no vive más en maldición, _____ tendrá este hijo como Tú planeaste que Eva tuviera a sus hijos —libre de dolor y sufrimiento, sin espasmos ni dolores de angustia. Por consiguiente, esperamos que este bebé venga al mundo rápido, y sin dolor. Creemos que ella sentirá las contracciones, pero sin dolor. Creemos de acuerdo con Tu PALABRA, que tendrá un hermoso embarazo sin sufrimiento.

Gracias, Padre, por escuchar y responder nuestras oraciones, y por velar cuidadosamente porque Tu PALABRA se cumpla. Sabemos que les has encargado a Tus ángeles que nos cuiden, nos acompañen y nos defiendan, y que nos guarden en todos nuestros caminos.

Ahora, Satanás, escucha la PALABRA de Dios. Te la declaramos y te ordenamos que quites tus manos de nosotros los hijos de Dios, en el nombre de Jesús. Destruimos todo lo que has enviado en contra nuestra, y te prohibimos que estorbes este embarazo y el parto. En la PALABRA de Dios, se nos declara que cualquier cosa que atemos en la Tierra, será atada en el cielo; y que cualquier cosa que desatemos en la Tierra, será desatada en el cielo. Por tanto, atamos las obras del enemigo, en el nombre de Jesús. Y desatamos la paz de Dios, a fin de que inunde nuestro corazón.

Gracias, SEÑOR, por escuchar y responder nuestras oraciones. Te amamos y te apreciamos, y esperamos ver a este pequeño y precioso ser de amor a quien Tu has escogido ¡especialmente para nosotros!

Referencias bíblicas: Salmos 127:3; Gálatas 3:13; Salmos 139:13, 91:11; Isaías 49:1, 55:11; Mateo 16:19.

Viviendo en la perfecta paz de Dios

Padre, en el nombre de Jesús, te agradezco porque Tu paz forma parte de mi derecho de pacto en Cristo Jesús. Mantendré enfocada mi mente y mi confianza en Ti, y sé que Tú me guardarás en perfecta paz.

No me inquietaré ni estaré ansioso por nada; sino que en cada y toda circunstancia, por medio de oración y ruego con acción de gracias, llevaré delante de Ti mis necesidades. Y Tu paz que sobrepasa todo entendimiento, guardará mi mente y mi corazón en Cristo Jesús. Medito sólo en lo digno de reverencia, en lo honesto, en lo justo, puro, amable, bueno y de gracia. Si hay algo digno de alabanza, pensaré en ello, lo valoraré y tomaré en cuenta únicamente estas cosas.

Permitiré que la paz de Dios gobierne mi corazón. Mientras lo hago, creo que mi calma y la serenidad de mi corazón y mi mente son vida y salud para mi cuerpo físico. Me humillo bajo la poderosa mano de Dios, echando todas mis preocupaciones y ansiedades sobre Él, de una vez por todas; pues sé que cuida de mí con amor.

Te agradezco, Padre, porque Tú no me has dado un espíritu de timidez, de cobardía, ni de un temor cobarde, servil y adulador; sino de poder, amor, disciplina, dominio propio y de una mente tranquila y equilibrada. Tú, Señor, estás de mi lado; por tanto, no temeré. ¿Quién podría hacerme daño? Tú, SEÑOR, eres mi luz y mi salvación; ¿de quién temeré o tendré pavor? Tú, Señor, eres mi refugio y la fortaleza de mi vida; ¿de quién temeré? Amo Tu ley, oh SEÑOR. Nada me ofenderá o me hará tropezar. Camino en completa paz, en el nombre de Jesús. Amén.

Referencias bíblicas: Isaías 26:3; Filipenses 4:6-8; Colosenses 3:15; Proverbios 14:30; 1 Pedro 5:6- 7; 2 Timoteo 1:7; Salmos 27:1, 118:6, 119:165.

Viviendo conforme a la sabiduría y a la dirección del Espíritu Santo

Padre, en el nombre de Jesús, reconozco que como creyente, mi cuerpo es el templo del Espíritu Santo. A diario, soy consciente que Su presencia habita en mí, y permite que mi fe en Él sea eficaz. Creo que Tú, Padre celestial, me diriges e iluminas por medio del Espíritu Santo a través de mi espíritu.

Mientras me rindo al Espíritu Santo, creo que mis pasos son guiados por el SEÑOR. Le rindo mi vida y confío por completo en Su dirección, con la expectativa de que Él alineará mis pensamientos a Su voluntad; a fin de que mis planes sean establecidos y tengan éxito. Confío en el Señor con todo mi corazón, y no me apoyo en mi propia prudencia. Mientras obtengo Su conocimiento, Él dirige mis pasos en justicia.

Confieso que tengo la mente de Dios, y a causa de eso, puedo reconocer con mayor facilidad las instrucciones internas del Espíritu Santo. Oigo la voz del buen Pastor, y no sigo la voz del extraño. Soy consciente de que mi espíritu es la lámpara del SEÑOR.

Medito en la Palabra de día y de noche, no dejo que se aparte de mi boca. Comparo lo que escucho en mi interior con la Palabra, a fin de que el Espíritu y la Palabra concuerden. Soy pronto para actuar en la Palabra, así como también a las indicaciones de mi espíritu. No soy sólo un oidor, sino un hacedor. Por tanto, soy bendito en todas mis obras.

Referencias bíblicas: 1 Corintios 6:19; Filemón 6; Juan 16:13; Romanos 8:14; Salmos 37:23; Proverbios 16:3, 3:5-6; Salmos 23:3; Romanos 8:16; Juan 10:5, 27; Proverbios 20:27; Josué 1:8; 1 Juan 5:7; Santiago 1:25.

Crecimiento espiritual

Padre celestial, no ceso de orar por _____, para que Tú le concedas a él/ella un espíritu de sabiduría, revelación y entendimiento de Tus misterios y secretos —en el conocimiento profundo e íntimo de Dios—. Oro porque los ojos de su corazón se inunden de luz, a fin de que él/ella pueda saber y entender la esperanza a la cual Tú lo/la has llamado, y que sepa cuán rica es Tu gloriosa herencia en los santos.

Oro para que _____ ande, viva y se conduzca de una manera digna de Ti; agradándote por completo en todo. Llevando fruto en toda buena obra, creciendo e incrementando de manera firme su conocimiento de Ti. Oro para que, a través de Tu Espíritu, él/ella pueda ser consolidado y fortalecido con todo el poder; a fin de que pueda ejercer toda clase de longanimidad, paciencia, perseverancia y dominio propio, con gozo.

Creo que la buena obra que iniciaste en la vida de _____ Tú la perfeccionarás y la completarás hasta el día en que Cristo vuelva, en el nombre de Jesús. Amén.

Referencias bíblicas: Efesios 1:17-19; Colosenses 1:10-11; Filipenses 1:6.

Una oración por entendimiento espiritual

Padre, en el nombre de Jesús, pongo hoy delante de Ti a _____. Tomo autoridad sobre Satanás, y ato toda obra que él planee contra la vida de _____. En este momento, te pido que envíes a su camino los obreros indicados que le ministren la palabra de fe. Oro para que los ojos de su entendimiento sean iluminados, a fin de que conozca cuán rica es Tu herencia para con los santos, y sea lleno del conocimiento de Tu voluntad, en toda sabiduría y entendimiento espiritual; y de esa manera _____ aprenda a vivir agradándote por completo a Ti, y crezca en Tu conocimiento.

Padre, oro para que _____ sea cimentado y edificado en Jesús, y también para que sea establecido en la fe. Confío que el que comenzó la buena obra en la vida de _____ la continuará hasta el día de Jesucristo.

Sé que has escuchado mi oración; por tanto, recibo la respuesta de mis peticiones. Te agradezco, en el nombre de Jesús.

Referencia bíblica: Mateo 9:38; Efesios 1:16-18; Colosenses 1:9-12, 2:6-10; Filipenses 1:6; 1 Juan 5:14-15.

Una oración por salud y sanidad

Padre, en el nombre de Jesús, confieso Tu Palabra referente a la sanidad. Mientras oro, creo y declaro que Tu Palabra no regresará vacía; sino que cumplirá lo que afirma que hará. Por tanto, creo en el nombre de Jesús que soy sano de acuerdo con 1 Pedro 2:24. Escrito está en Tu Palabra que Jesús mismo tomó mis enfermedades y mis dolencias (Mateo 8:17). Así que con gran valentía y confianza, declaro —por la autoridad de esa Palabra escrita— que soy redimido de la maldición de la enfermedad; y me rehúso a tolerar los síntomas.

Satanás, te digo en el nombre de Jesús que tus principados, potestades, gobernadores de las tinieblas de este siglo, y tus huestes espirituales de maldad en las regiones celestes están atados; y no pueden obrar en mi contra de ninguna manera. Yo he sido libre de tus obras. Le pertenezco al Dios todopoderoso, y Satanás no tienes lugar en mi vida. Habito al abrigo del Altísimo. Vivo, y permanezco firme e inamovible bajo la sombra del Omnipotente; cuyo poder ningún enemigo puede resistir.

Ahora, Padre, a causa de mi reverencia y alabanza hacia Ti, confío en Tu Palabra; la cual afirma que el ángel de Jehová acampa a mi alrededor, y me libra de toda obra maligna. No me sobrevendrá mal, ni plaga tocará mi morada. Confieso que la Palabra habita en mí, y como resultado, trae sanidad a mi alma, a mi cuerpo y a mi espíritu, desde lo más profundo de mi ser, incluso, desde mis coyunturas y tuétanos. Esa Palabra es medicina y vida para mi carne porque la ley del Espíritu de vida obra en mí, y me hace libre de la ley del pecado y de la muerte.

Tengo puesta toda la armadura de Dios. El escudo de la fe me protege de todos los dardos del enemigo. Jesús es el sumo Sacerdote de mis confesiones, y me aferro a mi confesión de fe en Tu Palabra. Permanezco inamovible y firme, con la plena seguridad de que la salud y la sanidad me pertenecen ahora en el nombre de Jesús.

Referencias bíblicas: Isaías 55:11; Gálatas 3:13; Efesios 6:12; 2 Corintios 10:4; Santiago 4:7; Salmos 91:1, 34:7, 91:10; Hebreos 4:12; Proverbios 4:20-22; Romanos 8:2; Efesios 6:16; Hebreos 4:14; Salmos 112:7.

Una oración por sus finanzas

Padre celestial, he aceptado a Jesús como el Señor de mi vida, y busco primero el reino de Dios y Su justicia, creyendo que las cosas materiales que necesito serán añadidas. Decido por mi integridad y disposición moral ser libre del amor al dinero y de la avaricia; por tanto, no codiciaré ni desearé posesiones terrenales. Estoy satisfecho con mi situación actual y con lo que tengo; estoy confiado porque Tú has prometido que no me fallarás, ni me dejarás sin sustento. Confío en Tu fidelidad, y en que Tú no me dejarás ni me abandonarás ni me desampararás.

Encuentro consuelo y ánimo en Ti. Valientemente declaro que el Señor es mi ayudador, y no seré presa de la preocupación. No temeré ni tendré pavor o terror.

Creo, Padre, que Tú deseas sobre todas las cosas que yo prospere y tenga salud; así como prospera mi alma. Meditaré en Tu Palabra de día y de noche, y ésta no se apartará de mi boca, la mantendré en medio de mi corazón, y cumpliré todo lo que ahí está escrito. Pues así, haré prosperar mi camino y todo me saldrá bien. Tú has prometido que como hacedor de la Palabra seré bendito en todas mis obras. Estoy seguro de que Tú no retendrás ningún bien, mientras viva de manera correcta. Los justos nunca serán desamparados. Mi deseo es vivir calmada y pacíficamente, ocuparme de mis asuntos, trabajar con mis manos para que pueda conducirme apropiada, correcta y honestamente; y así, poder demandar el respeto del mundo exterior, ser autosuficiente, independiente y no tener escasez de nada.

Sé a través de Tu PALABRA, Padre, que Tú eres el SEÑOR mi Dios quien me enseña a obtener ganancias y quien me guía por el camino que debo ir. En mi empleo, me conduciré conforme a Tus principios. Decido dedicarme a las buenas obras —a la labor honesta, y a un empleo digno— para suplir las demandas de otros donde sea necesario. Y también, me determino a no tener una vida infructuosa, inculta y ociosa. En el nombre de Jesús.

Trabajo para bendecir de manera honesta a aquellos que no tienen. Mientras doy, se me devolverá buena medida, apretada, remecida y rebosante en mi regazo. Yo no cosecharé escasa ni pobremente; sino más bien, yo recibiré para bendecir a otros de manera generosa. Por tanto, puedo estar a la expectativa de cosechar de forma generosa y con bendiciones.

Referencias bíblicas: Mateo 6:33; Hebreos 13:5-6; 3 Juan 2; Josué 1:8; Salmos 84:11; Santiago 1:25; 1 Tesalonisenses 4:11-12; Isaías 48:17; Tito 3:14; 1 Tesalonisenses 4:12; Lucas 6:38; 2 Corintios 9:6.

Una oración por empleo

Padre, en el nombre de Jesús, busco Tu sabiduría y confío en que Tú me guías a encontrar un mejor empleo. Viviré conforme a la misericordia y a la verdad, y no me apoyaré en mi propio entendimiento. Gracias por darme Tu favor, y por abrir una puerta que nadie puede cerrar.

De acuerdo con Tu PALABRA, es mi deseo vivir libre de deudas y no deberle nada a nadie; sino sólo el amarlo. Estoy dispuesto a trabajar con mis propias manos, a fin de no carecer de nada. Te alabo porque es Tu voluntad que yo sea autosuficiente en el área financiera, y así tener abundancia para suplir mis necesidades y dar generosamente a otros.

Padre, no seré impaciente ni estaré ansioso por nada, pues Tu paz habita en mi corazón y en mi mente. Mi confianza, mi bienestar y mi esperanza se encuentran en Tu provisión; pues Tú eres mi fuente. Te agradezco por suplir mi necesidad de empleo según Tus riquezas en gloria en Cristo Jesús.

Referencia bíblica: Proverbios 3:3-5; Apocalipsis 3:8; Salmos 5:12; Romanos 13:8; 1 Tesalonicenses 4:11-12; 2 Corintios 9:8; Filipenses 4:6-7; 2 Corintios 1:3; Filipenses 4:19.

Venciendo los malos hábitos

Padre, creo que mi fe se vuelve eficaz —divinamente fortalecida— por medio del conocimiento de toda buena dádiva que está en mí, en Cristo Jesús. A través de mi unión con Cristo, soy una nueva criatura, las cosas viejas pasaron; y todas son hechas nuevas.

Fui crucificado juntamente con Cristo, y ya no vivo yo, mas Cristo vive en mí. Fui sepultado con Él por medio del bautismo, y resucitado juntamente con Él por el poder del Espíritu Santo; a fin de que yo pudiera vivir y comportarme conforme a mi nueva vida. Mi viejo y no renovado ser, fue clavado en la Cruz con Jesús para que mi cuerpo, el cual era instrumento de pecado, rechazara la maldad; a fin de no ser más esclavo del pecado.

Así como la muerte ya no tiene el poder sobre Jesucristo, tampoco el pecado lo tiene sobre mí. A través de mi unión con Él, me considero muerto al pecado; y sé que mi relación con éste fue anulada. Vivo sólo para Dios, y poseo una relación inquebrantable con Él, en Cristo Jesús.

Fui liberado del control y del dominio de las tinieblas, y trasladado al reino de la luz. He resucitado juntamente con Cristo y estoy sentado junto a Él, por encima de todos los principados, potestades, gobernadores de las tinieblas de este siglo, huestes espirituales de maldad en las regiones celestes. El pecado no tendrá más dominio sobre mí; al contrario, yo poseeré dominio sobre él, pues se encuentra bajo mis pies, en el nombre de Jesús. Amén.

Referencias bíblicas: Filemón 6; 2 Corintios 5:17; Gálatas 2:20; Romanos 6:4, 6, 10-11, 14; Colosenses 1:13; Efesios 1:21, 2:6, 6:12.

Una oración por protección

Padre, en el nombre de Jesús, te agradezco por velar que Tu Palabra se cumpla.

Te alabo porque me permites habitar en el lugar secreto del Altísimo, y porque me ayudas a permanecer estable e inamovible bajo la sombra del Todopoderoso —cuyo poder ningún enemigo puede resistir—. Declaro que ¡TÚ eres mi refugio y mi fortaleza, mi Dios en quien me apoyaré y confiaré!

Tú me libras del lazo del cazador y de la peste destructora, me cubrirás con Tus plumas, y bajo Tus alas permaneceré seguro, y ahí encontraré refugio; pues escudo y adarga es Tu verdad.

Padre, Tú eres mi firme y fuerte confianza. Tú me libras de caer en cualquier trampa o peligro oculto; además, me infundes seguridad y tranquilidad. Sé que me guardarás en completa paz, pues en Ti medito, y en Ti confío SEÑOR. Te agradezco porque al acostarme dormiré en paz, pues Tú me cuidas y me das seguridad.

No temeré al terror de la noche ni a saeta (las calumnias y planes del maligno) que vuele de día ni pestilencia que aceche en la oscuridad ni destrucción o muerte repentina que sorprenda al mediodía.

Caerán mil a mi lado y diez mil a mi derecha, pero no se acercarán a mí. Solamente seré un espectador —inalcanzable, pues habitaré en el lugar secreto del Altísimo— mientras observo la recompensa que recibirá el impío.

Referencia bíblica: Jeremías 1:12; Salmos 91:1-16, 112:7; Proverbios 3:26; Proverbios 3:23-24; Salmos 3:5, 4:8, 127:2, 34:7.

Una oración por quienes están involucrados en procesos judiciales

Padre, te pido que me ayudes a enfrentar esta batalla legal. Te agradezco por ser mi pronto auxilio en las tribulaciones. Abro mi corazón al Espíritu Santo, a fin de que me revele cualquier desobediencia de parte mía en esta situación, y así pueda arrepentirme y recibir Tu perdón. Líbrame del odio y de la venganza.

En el nombre de Jesús, te pido que prevalezca la verdad. Oro para que Tú me protejas de la lengua mentirosa, y de los labios engañosos. Creo y declaro que ninguna arma forjada contra mí prosperará, y que toda lengua que se levante injustamente contra mí, será desmentida y se demostrará que está equivocada. Habitaré en Tu lugar secreto, pues ahí me guardas de las lenguas contenciosas. Oro para que detengas al testigo falso que habla contra mí, y haz que caiga en su propia trampa. Gracias por ayudarme, mientras respondo en mi defensa. Permite que Tu Espíritu me dé las palabras que debo decir cuando las necesite.

Voluntariamente, rechazo el miedo y derribo cualquier argumento que se levante contra Tu conocimiento y amor.

En el nombre de Jesús, en Ti deposito toda la preocupación del proceso judicial. Rechazo la ansiedad, y recibo calma y paz. Creo que Tu gracia me rodeará como un escudo.

Tu Palabra dice que Tú perfeccionarás todo lo que tenga que ver conmigo, y tomo la decisión de recibir Tu perfecta voluntad en este caso. Te doy toda la gloria por todo lo que sucederá, y testificaré de Tu bondad. Amén.

Referencia bíbblica: Génesis 15:1; Éxodo 4:15, 14:13; Deuteronomio 3:22, 20:3, 31:6, 8; Salmos 5:12, 46:1, 138:7-8; Proverbios 3:4-6, 6:16-19, 12:19, 22; Isaías 54:17; Lucas 12:11-12; Hechos 11:18; 2 Corintios 10:5; Efesios 6:10; 1 Pedro 5:7; 1 Juan 1:9.

Oración por avivamiento

Padre Dios, Tu deseas un avivamiento, a causa del cuidado que tienes de Tus hijos y el anhelo que tienes de que toda la humanidad tenga vida. Tu avivamiento trae vida y sustento, preservación y restauración. Gracias por enviar a Jesús para darnos Tu vida abundante.

Señor, empieza el avivamiento primero en mí. Soy Tu siervo, y estoy dispuesto a recibir un avivamiento. Me alimento de las Escrituras como una oveja se alimenta de pastos verdes, pues Tus palabras son vida para mí. Espíritu Santo de Dios, Tú resucitaste a Jesús de entre los muertos y habitas en mí. Por tanto, me rindo a Ti, a fin de que fortalezcas mi espíritu, restaures mi alma y rejuvenezcas mi cuerpo mortal. Renuevo mi mente con Tu PALABRA. ¡Lo más profundo de mi ser, es como un pozo de aguas vivas y me da nueva vida!

El avivamiento no sólo es vida para mí, sino para todo aquel que invoca el nombre del SEÑOR. Por eso, intercedo a favor de todas las personas. Clamo a Ti como el Dios de Abraham, Isaac y Jacob. Clamo al nombre poderoso de Jesús. ¡Toda la humanidad necesita vida, SEÑOR! Toda la humanidad necesita un avivamiento, pues es vida —Tu vida—. Hablo y siembro semillas de avivamiento, adondequiera que voy. Envío ángeles para recoger la cosecha de avivamiento por todo el mundo. Pongo mi mano en la hoz para segar la rica cosecha de avivamiento en mi hogar, en mi iglesia, en mi comunidad, en el mercado, en mi lugar de trabajo, en mi país y en todo el mundo. Derrama de Tu Espíritu en las personas. Señor de la cosecha, envía obreros, pónlos en lugares estratégicos para ministrar, mientras Tu derramas de Tu Espíritu sobre toda carne. Dios omnipotente, manifiéstate de una manera poderosa y fuerte con señales y maravillas. Espíritu Santo, sopla sobre todas las personas del mundo. Oro esto en el nombre que es sobre todo nombre, el nombre de Jesús. Amén.

Referencias bíblicas: Juan 10:10; Romanos 8:11; Juan 7:38; Salmos 85:6; Mateo 9:38; Romanos 12:2.

Una oración por el gobierno de los Estados Unidos de América

Padre, traigo las necesidades de nuestro gobierno ante Ti, y te pido que bendigas nuestra nación a través de líderes que amen a Dios. Glorifico el nombre de Jesús, y declaro que Jesús es el Señor de esta nación.

Padre, oro según lo que está escrito en 1 Timoteo 2:1-3: «*Exhorto ante todo, a que se hagan rogativas, oraciones, peticiones, y acciones de gracias, por todos los hombres; por los reyes y por todos los que están en eminencia, para que vivamos quieta y reposadamente en toda piedad y honestidad. Porque esto es bueno y agradable delante de Dios nuestro Salvador*».

Oro en el nombre del SEÑOR Jesús, por nuestro presidente, por nuestro vicepresidente, por todo el Gabinete, por el ministro de justicia y por los jueces de la Corte Suprema de Justicia para que reciban la sabiduría de Dios, y actúen en obediencia a esa sabiduría; a fin de que el poder de Dios fluya en sus vidas.

Oro por los miembros del Congreso de la nación y por los ministros, para que encuentren Tu paz y dirección; a fin de que esos hombres y mujeres actúen y gobiernen conforme a Tu PALABRA, Ya que una casa dividida contra sí misma, no permanece. Oro por ellos para que estén unidos en justicia por el bien de la nación.

Oro por Tu protección, para que cubras todas las fuerzas policiales y militares. Te pido que les des consejos y sabiduría a los jueces de esta nación. En el nombre de Jesús, oro que Tu reino de justicia sea manifestado en los corazones de todos aquellos que están de una u otra manera en autoridad.

Padre, Tu PALABRA dice que oremos por la paz de Jerusalén; pues los que aman a Jerusalén, serán prosperados. Señor Jesús, porque Tú amas a Jerusalén y clamaste por ella, yo también la amo. Oro por Jerusalén para que reciba el Shalom de Dios, el cual trae plenitud —es decir, sin que nada le falte ni este incompleto—. Oro para que ningún líder de nuestra nación, tome alguna decisión que pueda perjudicar a Jerusalén de alguna manera. Y en el nombre de Jesús, oro para que reveles Tu perfecta voluntad a todos los líderes de Israel. Y te pido Señor que te reveles a cada persona. Gracias, Padre, por escuchar mis oraciones, que están de acuerdo con Tu voluntad. Recibo las respuestas en el nombre de Jesús. Amén.

Referencias bíblicas: 1 Timoteo 2:1-3; Salmos 122:6; Marcos 3:25; Proverbios 21:1; 1 Juan 5:14- 15.

Una oración por otros gobiernos

Padre, en el nombre de Jesús, te doy gracias por nuestro país y su gobierno. Levanto en oración delante de Ti, a los hombres y mujeres que tienen cargos de autoridad. Oro por todas las personas que se encuentran en autoridad sobre nosotros, te pido que el Espíritu del SEÑOR repose sobre ellos.

Creo que la habilidad y la sabiduría piadosa gobiernan los corazones de nuestros líderes, y que el conocimiento les agrada. La discreción y el entendimiento, los guardan y los libran del camino de los malvados.

En Tu Palabra leemos: *«Bienaventurada la nación cuyo Dios es Jehová…»* (Salmos 33:12). Recibo Tu bendición y declaro con mi boca que Tu pueblo habita seguro en esta Tierra, y prosperará abundantemente.

Escrito está en Tu Palabra que el corazón del rey está en la mano del Señor, y que lo llevas por el camino que Tú deseas. Creo que el corazón de nuestro líder se encuentra en Tu mano, y que sus decisiones son dirigidas de manera divina por Ti.

Te agradezco porque las buenas nuevas del evangelio se han publicado en nuestro país. La PALABRA del SEÑOR prevalece y crece fuertemente en el corazón y en la vida de cada una de las personas. Te doy gracias por este país y por los líderes que Tú nos has dado, en el nombre de Jesús.

Proclamo que Jesús es el SEÑOR de mi país.

Referencias bíblicas: 1 Timoteo 2:1-2; Proverbios 2:11-12; *Salmos* 33:12; Proverbios 21:1. También lea Jeremías 1:12.

Una oración por las naciones

Padre que estás en los cielos, vengo delante de Ti en el nombre de Jesús y en representación de los líderes de _____ (nombre de la nación). En primer lugar, y de acuerdo con 1 Timoteo 2:1-2, te doy gracias por los reyes y por todas las autoridades; e intercedo por ellos para que podamos gozar de una vida tranquila y pacífica. Oro para que la PALABRA de Dios se difunda, y Tu pueblo sea librado de personas perversas y malas (2 Tesalonicenses 3:1- 2). El corazón del rey está en Tu mano, y éste sigue el curso que Tú le has trazado (Proverbios 21:1). Te pido que guíes el corazón y la mente de_____ (nombre del líder de la nación) para que tome las decisiones que guíen al país en Tus caminos y conforme a Tu Palabra.

SEÑOR, te agradezco porque traes cambios a la política de _____ (nombre de la nación). Gracias, por cambiar las voces de influencia en este país, a fin de que se hable conforme a Tu PALABRA. Te pido que envíes obreros llenos del espíritu de sabiduría y poder, a fin de que rodeen a los líderes de _____ (nombre de la nación) con consejos y entendimiento que provengan de Dios. También te ruego que quites las autoridades que se oponen a la justicia; y los reemplaces por hombres y mujeres que sigan el rumbo que Tú has señalado para_____ (nombre de la nación).

A medida que llegamos a los tiempos finales, te pido que incrementes el espíritu de fe, los milagros, las señales, las maravillas, los dones y las manifestaciones del Espíritu Santo; asimismo, el poder para obrar con fuerza. Permite que los creyentes de_____ (nombre de la nación), y de todas las naciones se unifiquen para permanecer firmes en la fe en Jesús —el Ungido y Su unción—, a fin de que Tu gloria sea revelada en toda la Tierra.

Señor, gracias porque veré las respuestas de estas peticiones. Creo que recibo, amén.

Referencias bíblicas: Proverbios 3:3-5; Apocalipsis 3:8; Salmos 5:12; Romanos 13:8; 1 Tesalonicenses 4:11-12; 2 Corintios 9:8; Filipenses 4:6-7; 2 Corintios 1:3; Filipenses 4:19.

Oración por aquellos que predican el evangelio

Padre, en el nombre de Jesús, oro y confieso que el Espíritu de Dios reposa sobre_____ con un espíritu de sabiduría, entendimiento, espíritu de conocimiento y temor del Señor. Declaro que Tu Espíritu reposa sobre la vida de _____, hazlo de un entendimiento ágil porque Tú, Señor, le has ungido y capacitado para predicar el evangelio a los humildes, a los pobres, a los ricos y a los afligidos. Tú has enviado a _____ para sanar a los quebrantados de corazón, para proclamar libertad a los que están cautivos física y espiritualmente, y para abrir las prisiones y los ojos de quienes están atados. Toda la gente declarará que _____ es un ministro del Señor, pues la Palabra que él/ella habla es poder y manifestación del Espíritu Santo.

Oro y creo que ninguna arma formada contra _____ prosperará, y que toda lengua que se levante en contra de él/ella en juicio se demostrará que esta equivocada. Oro para que Tú prosperes a _____ espiritual, mental, física, financiera y socialmente. Declaro que _____ mantiene y sigue las sanas enseñanzas de fe y amor, las cuales son para nosotros por medio de Cristo Jesús, y que _____ atesora la verdad que le ha sido encomendada por el Espíritu Santo, el cual mora en _____. Señor, creo y declaro que Tú le concedes a _____ la libertad de predicar con denuedo la Palabra, y que cuando él/ella abra sus labios para predicar el evangelio a las personas, lo hará con valor y coraje. Por este medio confieso que apoyo a _____ y oro por él/ella constantemente. Hablaré palabras que edifiquen a _____. Continuaré intercediendo por él/ella, y oro por bendiciones sobre su vida, en el nombre de Jesús.

Referencias bíblicas: Isaías 11:2-3, 61:1, 6, 54:17; 2 Timoteo 1:13-14; Efesios 6:19, 4:29.

Apéndice C
Una oración por nuestros colaboradores
Por Kenneth Copeland

Gloria y yo, oramos por ti a diario, y en realidad creemos que Dios te prosperará, y vivirás en salud divina, así como prospera tu alma (3 Juan 2).

Recuerda que también dependemos de tus oraciones de común acuerdo y de tu fe.

Por esa razón, deseo compartirte las mismas promesas bíblicas y las oraciones que yo hago por ti a diario; a fin de que las sepa sy estés de acuerdo conmigo en fe por estas cosas.

Mientras oras basado en estos versículos, personalízalos agregándoles tu nombre (la primer línea de cada oración es para eso). Ora de la misma forma por Gloria, por mí y por cualquier persona por la que estés creyendo en fe. Y tu recompensa será la promesa escrita en Deuteronomio 11:21: «*para que sean vuestros días, y los días de vuestros hijos, tan numerosos sobre la tierra que Jehová juró a vuestros padres que les había de dar, como los días de los cielos sobre la tierra*».

Salmo 23

- El SEÑOR es _____ pastor nada me faltará.
- En lugares de verdes pastos me hará descansar; junto a aguas de reposo me pastoreará.
- El restaura mi alma; me guiará por sendas de justicia por amor de su nombre.
- Aunque pase por el valle de sombra de muerte, no temeré mal alguno, porque tú estás conmigo; tu vara y tu cayado me infunden aliento.
- Tú preparas mesa delante de mí en presencia de mis enemigos; has ungido mi cabeza con aceite; mi copa está rebosando.
- Ciertamente el bien y la misericordia me seguirán todos los días de mi vida, y en la casa del SEÑOR moraré por largos días.

Padre, oro para que _____ jamás tenga un solo deseo sin ser cumplido. Nosotros seguimos al Gran Pastor, Jesús, hacia lugares de delicados pastos de paz y descanso. Y viviremos junto en tranquilas aguas de abundancia y prosperidad.

Oro, por cada colaborador que esté atravesando el valle de sombra y de muerte. Permanecemos juntos y firmes en Tu PALABRA, sin temor y con valentía. Y nos acercamos a la mesa de provisión, por medio de la sangre de Jesús.

Salmo 91

Padre, oro para que _____ habite bajo el abrigo del altísimo. Proclamo que el SEÑOR es:

- Esperanza mía, y castillo mío; mi Dios en quien confiaré.
- Me librará del lazo del cazador, de la peste destructora.
- Con Sus plumas me cubrirá, y debajo de Sus alas estaré seguro; escudo y adarga es Su verdad.
- No temeré el terror nocturno, ni saeta que vuele de día,
- Ni pestilencia que ande en oscuridad, ni mortandad que en medio del día destruya.
- Caerán a mi lado mil, y diez mil a mi diestra; mas a mí no llegará.
- Ciertamente con mis ojos miraré y veré la recompensa de los impíos.
- Porque he puesto a Jehová, quién es mi esperanza, al Altísimo por mi habitación,
- No me sobrevendrá mal, ni plaga tocará mi morada.
- Pues a Sus ángeles mandará acerca de mí, que me guarden en todos mis caminos.
- En las manos me llevarán, para que mi pie no tropiece en piedra.
- Sobre el león y el áspid pisaré; hollaré al cachorro del león y al dragón.
- Por cuanto en mí, Él ha puesto Su amor, Dios también me librará; y me pondrá en alto, por cuanto he conocido Su nombre.
- Te invocaré, y Tú me responderás, estará conmigo en la angustia; y me librará y lo glorificaré.
- Me saciará de larga vida, y me mostrará Su salvación.

Salmo 103

Padre, oro para que _____ disfrute de todas las bendiciones de nuestra redención. Te exalto y te doy gracias, SEÑOR, declarando:

- Bendice, alma mía, a Jehová, y bendiga todo mi ser Su santo nombre.
- Bendice, alma mía, a Jehová, y no olvides ninguno de Sus beneficios:
- Él es quien perdona todas mis iniquidades, el que sana todas mis dolencias;
- Él que rescata del hoyo mi vida, el que me corona de favores y misericordias;
- Él que sacia de bien mi boca, de modo que me rejuvenezca como el águila.
- Jehová es el que hace justicia y derecho a todos los que padecen violencia.
- Sus caminos notificó a Moisés, y a los hijos de Israel sus obras.
- Misericordioso y clemente es Jehová; lento para la ira, y grande en misericordia.
- No contenderá para siempre, ni para siempre guardará el enojo.
- No ha hecho conmigo conforme a mis iniquidades, ni me ha pagado conforme a mis pecados.
- Porque como la altura de los cielos sobre la Tierra, engrandeció su misericordia sobre los que le temen.
- Cuanto está lejos el oriente del occidente, hizo alejar de mí, mis rebeliones.
- Como el padre se compadece de los hijos, se compadece Jehová de los que le temen.
- Porque Él conoce nuestra condición; se acuerda de que somos polvo.
- El hombre, como la hierba son sus días; florece como la flor del campo,
- Que pasó el viento por ella, y pereció, y su lugar no la conocerá más.
- Mas la misericordia de Jehová es desde la eternidad y hasta la eternidad sobre los que le temen, y su justicia sobre los hijos de los hijos; sobre los que guardan Su pacto, y los que se acuerdan de Sus mandamientos para ponerlos por obra.
- Jehová estableció en los cielos Su trono, y Su reino domina sobre todos.
- Bendecid a Jehová, vosotros Sus ángeles, poderosos en fortaleza, que ejecutáis Su palabra, obedeciendo a la voz de su precepto.
- Bendecid a Jehová, vosotros todos Sus ejércitos, ministros Suyos, que hacéis Su voluntad.
- Bendecid a Jehová, vosotras todas Sus obras, en todos los lugares de Su señorío. Bendice, alma mía, a Jehová.

Isaías 54

Padre, gracias al sacrificio que Jesús realizó por nosotros en Isaías 53, _____ canto y declaro a gran voz Isaías 54:

- Regocíjate, oh estéril, la que no daba a luz; levanta canción y da voces de júbilo, la que nunca estuvo de parto; porque más son los hijos de la desamparada que los de la casada, ha dicho Jehová.
- Ensancha el sitio de tu tienda, y las cortinas de tus habitaciones sean extendidas; no seas escasa; alarga tus cuerdas, y refuerza tus estacas.
- Porque te extenderás a la mano derecha y a la mano izquierda; y tu descendencia heredará naciones, y habitará las ciudades asoladas.
- No temas, pues no serás confundida; y no te avergüences, porque no serás afrentada, sino que te olvidarás de la vergüenza de tu juventud, y de la afrenta de tu viudez no tendrás más memoria.
- Porque tu marido es tu Hacedor; Jehová de los ejércitos es Su nombre; y tu Redentor, el Santo de Israel; Dios de toda la Tierra será llamado.
- Porque como a mujer abandonada y triste de espíritu te llamó Jehová, y como a la esposa de la juventud que es repudiada, dijo el Dios tuyo.
- Por un breve momento te abandoné, pero te recogeré con grandes misericordias.
- Con un poco de ira escondí mi rostro de ti por un momento; pero con misericordia eterna tendré compasión de ti, dijo Jehová tu Redentor.
- Porque esto me será como en los días de Noé, cuando juré que nunca más las aguas de Noé pasarían sobre la tierra; así he jurado que no me enojaré contra ti, ni te reñiré.

- Porque los montes se moverán, y los collados temblarán, pero no se apartará de ti mi misericordia, ni el pacto de mi paz se quebrantará, dijo Jehová, el que tiene misericordia de ti.
- Pobrecita, fatigada con tempestad, sin consuelo; he aquí que yo cimentaré tus piedras sobre carbunclo, y sobre zafiros te fundaré.
- Tus ventanas pondré de piedras preciosas, tus puertas de piedras de carbunclo, y toda tu muralla de piedras preciosas.
- Y todos tus hijos serán enseñados por Jehová; y se multiplicará la paz de tus hijos.
- Con justicia serás adornada; estarás lejos de opresión, porque no temerás, y de temor, porque no se acercará a ti.
- Si alguno conspirare contra ti, lo hará sin mí; el que contra ti conspirare, delante de ti caerá.
- He aquí que yo hice al herrero que sopla las ascuas en el fuego, y que saca la herramienta para su obra; y yo he creado al destruidor para destruir.
- Ninguna arma forjada contra ti prosperará, y condenarás toda lengua que se levante contra ti en juicio. Esta es la herencia de los siervos de Jehová, y su salvación de mí vendrá, dijo Jehová.

Ahora Señor, realizo estas poderosas oraciones llenas del Espíritu Santo tomadas del Nuevo Testamento:

Efesios 1:16-23

- No ceso de dar gracias por _____ haciendo memoria de _____ en mis oraciones,
- Para que el Dios de nuestro Señor Jesucristo, el Padre de gloria, le dé espíritu de sabiduría y de revelación en el conocimiento de él,
- Alumbrando los ojos de vuestro entendimiento, para que sepáis cuál es la esperanza a que él os ha llamado, y cuáles las riquezas de la gloria de su herencia en los santos,
- y cuál la supereminente grandeza de su poder para con nosotros los que creemos, según la operación del poder de su fuerza,
- La cual operó en Cristo, resucitándole de los muertos y sentándole a su diestra en los lugares celestiales,
- Sobre todo principado y autoridad y poder y señorío, y sobre todo nombre que se nombra, no sólo en este siglo, sino también en el venidero;
- Y sometió todas las cosas bajo sus pies, y lo dio por cabeza sobre todas las cosas a la iglesia, la cual es su cuerpo, la plenitud de Aquel que todo lo llena en todo.

Efesios 3:14-20

Padre, también, oro basado en Efesios 3:14-20:

- Por esta causa doblo mis rodillas ante el Padre de nuestro Señor Jesucristo,
- de quien toma nombre toda familia en los cielos y en la tierra,
- para que [le dé a] _____, conforme a las riquezas de su gloria, el ser fortalecidos con poder en el hombre interior por su Espíritu;
- para que habite Cristo por la fe en vuestros corazones, a fin de que, arraigados y cimentados en amor,
- seáis plenamente capaces de comprender con todos los santos cuál sea la anchura, la longitud, la profundidad y la altura,
- y de conocer el amor de Cristo, que excede a todo conocimiento, para que seáis llenos de toda la plenitud de Dios.
- Y a Aquel que es poderoso para hacer todas las cosas mucho más abundantemente de lo que pedimos o entendemos, según el poder que actúa en nosotros.

Colosenses 1:9-11

Oro basado en Colosenses 1:9-11:

- Por lo cual también nosotros, desde el día que lo oímos, no cesamos de orar por _____, y de pedir que _____ sea lleno[a] del conocimiento de Su voluntad en toda sabiduría e inteligencia espiritual,
- para que ande como es digno del Señor, agradándole en todo, llevando fruto en toda buena obra, y creciendo en el conocimiento de Dios;
- fortalecido con todo poder, conforme a la potencia de su gloria, para toda paciencia y longanimidad.

1 Tesalonicenses 5:23

Oro basado en Tesalonicenses 5:23, para que el mismo Dios de paz santifique a _____ por completo; y oro para que también todo el ser de _____, espíritu, alma y cuerpo, sea guardado irreprensible para la venida de nuestro Señor Jesucristo.

Marcos 16:7-20; Mateo 18:18; Efesios 4:27

Ahora, SEÑOR, suplico que la sangre de Jesús esté sobre _____ para su protección en contra de toda persona y espíritu maligno, así como de toda cosa mala y de todo plan perverso del enemigo. Te ato, Satanás, de acuerdo con la PALABRA de Dios.

Escrito está: *«En mi nombre echarán fuera demonios»* (Marcos 16:17). También escrito está: *«De cierto os digo que todo lo que atéis en la tierra, será atado en el cielo; y todo lo que desatéis en la tierra, será desatado en el cielo»* (Mateo 18:18). Por tanto, en el nombre de Jesús, Satanás, anulo el control que tenías y te echo fuera de la vida de _____ y de todo lo que le pertenece.

Escrito está: *«Ni deis lugar al diablo»* (Efesios 4:27). Diablo te despojo, del control que creías tener en su vida. Aparta tus manos de el/ella, ¡AHORA! ¡No tienes lugar en su vida, en el nombre de Jesús!

I Juan 4:4; 5:1, 4, 18

Escrito está: *«Hijitos, vosotros sois de Dios, y los habéis vencido; porque mayor es el que está en vosotros, que el que está en el mundo»* (1 Juan 4:4).

_____ te venció a ti, Satanás, y a todas tus obras por la sangre del Cordero, y por la PALABRA de nuestro testimonio. Nuestro testimonio es 1 Juan 5:1: *«Todo aquel que cree que Jesús es el Cristo, es nacido de Dios; y todo aquel que ama al que engendró, ama también al que ha sido engendrado por él».* ¡Y nosotros creemos esta verdad!

En 1 Juan 5:4, leemos: *«Porque todo lo que es nacido de Dios vence al mundo; y esta es la victoria que ha vencido al mundo, nuestra fe».* ¡Ahora Juntos, somos vencedores en el mundo!

En 1 Juan 5:18, se nos enseña: *«Sabemos que todo aquel que ha nacido de Dios, no practica el pecado, pues Aquel que fue engendrado por Dios le guarda, y el maligno no le toca».* Somos nacidos de Dios, por tanto, Satanás, la semilla del pecado no se encuentra en nosotros; sino la semilla de justicia. Por esa razón, ¡no puedes tocarnos! ¡Nos cubrimos con la sangre de Jesús!

Ahora, Padre, oro por _____ conforme a la plena sabiduría, voluntad y conocimiento de Dios. Oro en el espíritu de acuerdo con 1 Corintios 2:7: *«Mas hablamos sabiduría de Dios en misterio, la sabiduría oculta, la cual Dios predestinó antes de los siglos para nuestra gloria».*

_____ permanece con nosotros en este llamado, a fin de llevar la PALABRA de fe a todo el mundo. Predicaremos la PALABRA no adulterada, desde la cima más alta hasta el valle más bajo, y en todos los confines del mundo. Padre, revélanos a cada uno la parte que necesitamos llevar a cabo en esta comisión. ¿Qué debemos hacer? ¿Qué debemos orar? ¿Qué debemos sembrar? Juntos en la fe, podremos llevar a cabo lo que Tú nos pidas. Todo lo podemos por medio de la unción, la cual nos fortalece.

Usted es muy especial para Gloria y para mí, y para todo nuestro personal en KCM y en *Eagle Mountain International Church*. Somos colaboradores estableciendo el Reino.

Aparta tiempo para orar todos los días basado en estas Escrituras. Estas palabras serán como un trampolín espiritual, las cuales te guiarán en áreas de oración que nunca habías experimentado. ¡Amén!

Apéndice D
Guía para la oración de común acuerdo
Por Kenneth Copeland

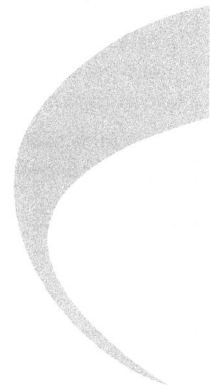

La oración de común acuerdo es una de las herramientas más poderosas que Dios nos ha dado. Jesús mismo garantizó que ésa es una oración que siempre produce resultados: *«si dos de vosotros se pusieren de acuerdo en la tierra acerca de cualquiera cosa que pidieren»*, Él nos garantiza: *«les será hecho por mi Padre que está en los cielos»* (Mateo 18:19).

Si no ves los resultados que Él prometió, es porque tienes un problema en alguna de las siguientes áreas.

Revisa tu estado de armonía.

El término **acuerdo** que Jesús utiliza en Mateo 18:19, también puede ser traducido como *armonizar* o *hacer una sinfonía*. Una sinfonía está compuesta de varios instrumentos, que al ser ejecutados juntos, parecen una sola voz.

Si alguna vez has escuchado una sinfonía, sabes que cuando cada instrumento se afina y se ejecuta, no es muy audible. Sin embargo, cuando el director alza su varita y los instrumentos comienzan a armonizar, el sonido que emiten es muy poderoso.

Lo mismo sucede con la oración. Cuando los creyentes se ponen de acuerdo en el Espíritu Santo, se convierten en una fuerza poderosa e imparable. Por esa razón, Satanás pelea en contra de las familias cristianas, y por lo mismo no desea que los hombres se unan en matrimonio con las mujeres. El enemigo quiere que estemos en contienda y que nos preocupemos por pequeñeces todo el tiempo, pues sabe que si eso sucede; nuestras oraciones serán estorbadas (1 Pedro 3:7).

Cada vez que no obtienes los resultados de tu oración de común acuerdo, revisa tu estado de armonía. Pídele al Espíritu Santo que te muestre si estás en contienda con tu cónyuge (o con alguien más). Después sigue las instrucciones de Marcos 11:25, donde Jesús nos indica: *«Y cuando estéis orando, perdonad, si tenéis algo contra alguno, para que también vuestro Padre que está en los cielos os perdone a vosotros vuestras ofensas»*.

No es suficiente que tú y tu cónyuge, se pongan de acuerdo por alguna situación en particular por la que estén orando. También deben estar en armonía en otras áreas. Por tanto, ¡revisa tu estado de armonía!

Establece tu corazón en la PALABRA de Dios.

La oración de común acuerdo obrará sólo si está basada en la PALABRA de Dios. Tú y tu cónyuge, un día pueden ponerse de acuerdo en que serán dueños de cien pozos petroleros para la media noche. Sin embargo, jamás verán esa oración de común acuerdo cumplirse, porque esa petición no está basada en la PALABRA de Dios.

Por tanto, primero acude a la PALABRA. Busca las promesas que cubran la situación por la cual estás orando. Luego, escríbelas y medítalas hasta que, como se afirma en Salmos 112:7, tu corazón esté firme y confiado en el SEÑOR.

Enfoca tu mente en la PALABRA.

En 2 Corintios 10:5, se nos indica que llevemos *«... cautivo todo pensamiento a la obediencia a Cristo»*. Obedece esta indicación para ver los resultados de tu oración de común acuerdo. Lleva a cabo lo que se establece en la Biblia y: *«en esto pensad»* (Filipenses 4:8). ¿En qué cosas debemos pensar? ¡En las cosas de la PALABRA de Dios!

Di para ti mismo: "No pensaré en nada que sea contrario a este acuerdo". Después, cuando Satanás intente enviarte pensamientos negativos y derribar tu fe, tendrás que responderle: *¡No, no, no, diablo! No creo tus palabras. Yo creo lo que está escrito en la PALABRA.*

Luego, toma tu Biblia. Lee la PALABRA y sumérgete en ella. Obedece la instrucción de Proverbios 4:21: *«No se aparten de tus ojos»*.

Actúa como si ya estuviera hecho.

En este punto, muchos creyentes fallan. Efectúan la oración de común acuerdo y toman juntos una postura de fe. Luego, tan pronto como salen de su lugar de oración, comienzan a preocuparse, y a expresar: "¡Cielos, no sé qué haremos si este problema no se resuelve!".

No cometas ese error. Una vez que hayas resuelto tu situación, a través de la oración de común acuerdo; niégate a seguir pensando que ese problema aún existe. En lugar de ello, alaba a Dios. Y actúa como si todo estuviera bien.

Cuando las personas te pregunten acerca de la situación, simplemente respóndeles con fe lo siguiente: "Gracias a Dios, la situación está resuelta. Mi cónyuge y yo nos hemos puesto de acuerdo en oración; y Dios está honrando nuestro acuerdo. En lo que a nosotros respecta, ya superamos ese problema".

La oración de común acuerdo es una herramienta poderosa. Por consiguiente, no te desanimes por tus experiencias anteriores. Sólo haz los ajustes necesarios, y continúa con tu acuerdo. Revisa tu estado de armonía. Establece tu corazón, y tu mente en la PALABRA, y actúa como si ya estuviera resuelto. Y todo lo que pidas, será hecho por tu Padre que está en los cielos.

Apéndice E
Aparten tiempo para orar

Profecía impartida por
Kenneth Copeland en la Campaña
de victoria en Dallas en 1986

Inviertan tiempo en oración. Cuando estén firmemente convencidos de Mi voluntad, aparten tiempo para orar. Cuando no estén convencidos, y no sepan con exactitud como saldrán las cosas, aparten tiempo para orar. No permitan que los problemas los tomen desprevenidos.

Recuerden que en Mi PALABRA, instruí a Mis discípulos: «*Pero este genero no sale sino con oración y ayuno*». Yo no oré y ayuné, antes de ministrar a ese joven. No, Yo ya había orado y ayunado. Sean así ustedes también. Debes, estar a tiempo y fuera de tiempo, preparado con una palabra sazonada con sal. La única forma de alcanzar ese nivel, es teniendo una vida de oración activa, sólida y basada en la PALABRA.

Inviertan tiempo conmigo, dice el SEÑOR. Escuchen a Mi Espíritu. Habrá días en que todo aparentará estar excesivamente tranquilo. Parecerá que el Espíritu de Dios no se manifiesta mucho. No se apresuren a hacer las cosas, ni traten de arreglar nada, cuando no tengan la unción para realizarlo. Si no apartan tiempo para orar, para buscar el rostro del SEÑOR y para orar en lenguas, no sabrán si están ungidos o no.

Oren en lenguas. Oren en el espíritu. Pero no sólo la hora que tienen establecida para orar en lenguas, sino oren durante el día, todo el día; incluso pueden hacerlo en voz baja o para "sí mismos", porque Yo estoy en ustedes. Los escucharé en su interior, pues Yo estoy en ustedes y ustedes están en Mí, y somos un mismo Espíritu, dice el SEÑOR. Pueden invertir tiempo todo el día comunicándose conmigo en el espíritu. Porque un tiempo muy precioso se aproxima.

Un tiempo muy especial se aproxima. Viene un tiempo, en el que los ángeles se manifestarán más de lo normal y más de lo que se han manifestado en el pasado. Muchos de ustedes verán al ángel que está a cargo de su ministerio, y de su vida. Muchos de ustedes recibirán visitas del reino espiritual. Varios tendrán encuentros divinos, visiones y sueños. Pero no se jacten de ello ni digan: "Debo ser realmente bueno en algo. Vean lo que Dios está haciendo por mí". No, se jacten, pues ustedes sólo forman parte de lo que está sucediendo en estos tiempos.

Éste es el tiempo para que estas cosas ocurran, dice el SEÑOR. En este tiempo la actividad espiritual aumentará, y al mismo tiempo también la actividad demoníaca aumentará. No obstante, no permitan que eso los atormente.

No se inquieten, cuando las personas los acusen por pensar que son como Dios. No se molesten cuando los demás los acusen de ser fanáticos. No se atribulen cuando las personas los menosprecien, les hablen con dureza y hablen mal de ustedes. Si de mí hablaron así, ¿acaso no hablarán así de ustedes?

Entre más sean como Yo, más pensarán así de ustedes. Ellos me crucificaron, por asegurar que Yo era Dios. Sin embargo, Yo no aseguré que era Dios; Yo sólo aseguré que andaba con Él y que Él estaba en Mí. Aleluya. Eso mismo deben hacer ustedes.

No, no piensen que son Dios, simplemente sepan que forman parte de Su familia. Ustedes ya han comenzado a actuar como Dios. Ya saben que mayor es el que está un ustedes que el que está en el mundo. Y ahora les digo, dice el SEÑOR de la gracia, su SEÑOR y Salvador, su Rey quien viene pronto: Me agrada tanto que intenten actuar como Yo, que intenten hablar como Yo. Me da gran satisfacción. Incluso me agrada escuchar a aquellos que, inspirados por el diablo, se levantan en su contra y empiezan a hablar mal de ustedes y a maltratarlos en son de burla.

No, no me agrado porque estén en contra de ustedes, sino porque Yo sé que el tiempo está cerca. Sé que el final se aproxima. Sé que ese momento no llegará, sino hasta unas horas antes de que ustedes y Yo nos reunamos cara a cara; y podamos compartir grandes muestras de gran gozo mientras entramos juntos a la presencia del Padre Santo.

Los amo, dice el SEÑOR. Y cuido de ustedes, sin embargo, ustedes son Mi opción, son Mis líderes. Los enviaré a lugares a los que ni siquiera pensaron que estarían calificados para ir. Los enviaré a lugares que serán tan hostiles que desearán ser Dios, cuando lleguen. Invocarán a su Dios, y algunos sonreirán y expresarán: "Él conoce a su Dios".

Pero ustedes son lo mejor para Mí, y Yo no guardo lo mejor; sino que envío lo mejor al frente. Son lo mejor que tengo, ustedes son Mis tropas. Ya han aprendido un poco acerca de su armadura, de su fe, también han aprendido un poco acerca de que Mis caminos son más altos que sus caminos. Y yo debo tomar ventaja de lo que han aprendido, y enviarlos para colocarlos al frente.

Ustedes serán Mis cantores al frente del ejército. Serán Mi alabanza allá afuera donde no hay alabanza. Llevarán Mi PALABRA, a lugares de la Tierra a donde Mi voz se escucha muy poco y muy tenue.

Ustedes hablarán Mi nombre, en los oídos de quienes jamás han escuchado Mi nombre. Y cuando lo hagan, Yo obraré y confirmaré la PALABRA de sus labios, con señales que las seguirán. Grande, grande y grande, y luego más, más, más y más grande será la manifestación de Mi Espíritu.

No se aflijan, pues esto no sucederá como ustedes se lo imaginaban. Mi estrategia es la correcta. Yo sé lo que hago, dice el SEÑOR; ahora mismo me estoy moviendo en formas que ustedes desconocen. Las luces se unirán y descenderán sobre todo el mundo, una luz de oración en este país se conectará con la luz de oración de otra persona en otro país.

No existe tiempo ni distancia en el reino espiritual. En ocasiones, se conectarán entre sí, como nunca antes se ha visto. De pronto, estarán en otro país, darán un mensaje, y de inmediato se encontrarán de nuevo en su cocina. ¡Tengo algunas cosas sorprendentes para ustedes! dice el SEÑOR.

Sólo permanezcan firmes. Firmes en la PALABRA, en oración, en alabanza y disfruten al Espíritu de Dios. Disfruten porque viven libres de lo que el mundo atraviesa; pues Yo soy su Rey, quien viene pronto, dice el SEÑOR. ¡Aleluya!

Oración para recibir salvación y el bautismo del Espíritu Santo

Padre celestial, vengo a Ti en el nombre de Jesús. Tu Palabra dice: «Y todo aquel que invocare el nombre del Señor, será salvo» (Hechos 2:21). Jesús, yo te invoco y te pido que vengas a mi corazón y seas el Señor de mi vida de acuerdo con Romanos 10:9–10: «Que si confesares con tu boca que Jesús es el Señor, y creyeres en tu corazón que Dios le levantó de los muertos, serás salvo. Porque con el corazón se cree para justicia, pero con la boca se confiesa para salvación». Yo confieso ahora que Jesús es el Señor, y creo en mi corazón que Dios le resucitó de entre los muertos.

*¡Ahora he nacido de nuevo! ¡Soy cristiano, hijo del Dios todopoderoso! ¡Soy salvo! Señor, Tú también afirmas en Tu Palabra: «Pues si vosotros, siendo malos, sabéis dar buenas dádivas a vuestros hijos, ¿**cuánto más** vuestro Padre celestial dará el Espíritu Santo a los que se lo pidan?» (Lucas 11:13). Entonces te pido que me llenes con Tu Espíritu. Santo Espíritu, engrandécete dentro de mí a medida que alabo a Dios. Estoy plenamente convencido de que hablaré en otras lenguas, según Tú me concedas expresar (Hechos 2:4). En el nombre de Jesús, ¡amén!*

En este momento, comienza a alabar a Dios por llenarte con el Espíritu Santo. Pronuncia esas palabras y sílabas que recibes, no hables en tu idioma, sino en lenguaje que el Espíritu Santo te da. Debes usar tu propia voz, ya que Dios no te forzará a hablar. No te preocupes por cómo suena, pues ¡es una lengua celestial!

Continúa con la bendición que Dios te ha dado, y ora en el espíritu cada día.

Ahora, eres un creyente renacido y lleno del Espíritu Santo. ¡Tú nunca serás el mismo!

Busca una iglesia donde se predique la Palabra de Dios valientemente, y obedece esa Palabra. Forma parte de la familia cristiana que te amará y cuidará, así como tú ames y cuides de ellos.

Necesitamos estar conectados unos con otros, lo cual aumenta nuestra fuerza en Dios, y es el plan del Señor para nosotros.

Adquiere el hábito de ver el programa de televisión *La Voz de Victoria del creyente*, y vuélvete un hacedor de la Palabra. Tú serás bendecido al ponerla en práctica (lee Santiago 1:22–25).

Acerca de los autores

Kenneth y Gloria Copeland son los exitosos autores de más de 60 libros *best seller*. También han compartido la autoría de numerosas publicaciones como: *Promesas para la familia, la serie de conexión de vida, su plan de acción espiritual para 10 días, y Crezcamos de fe en fe: Una guía diaria para la victoria.* También son los fundadores de los Ministerios Kenneth Copeland, de Fort Worth, Texas. Desde 1967, han predicado la Palabra de Dios no adulterada por todo el mundo; así como también un estilo de vida victoriosa para cada cristiano.

Su programa de televisión *La Voz de Victoria del Creyente* se transmite de lunes a viernes y los domingos en más de 500 estaciones alrededor del planeta. La revista *La Voz de Victoria del Creyente* alcanza un promedio de 600,000 creyentes en toda la Tierra. Su ministerio internacional de prisiones alcanza a más de 20,000 nuevos reclusos cada año; y se reciben más de 20,000 cartas mensuales de presidiarios. Asimismo, puedes encontrar los mensajes de los esposos Copeland en la Internet. Adicionalmente, con la ayuda de sus colaboradores de las oficinas de Estados Unidos, Canadá, Inglaterra, Australia, Sudáfrica, Ucrania y Singapur, sus materiales de enseñanza —libros, revistas, audios y videos— han sido traducidos a 26 idiomas para alcanzar a la humanidad con el amor de Dios.

Adquiere más información acerca de
los Ministerios Kenneth Copeland.
Visita nuestra página web **es.kcm.org**

¡Estamos Aquí para ti!

Tu crecimiento en la PALABRA de Dios y tu victoria en Jesús son el centro mismo de nuestro corazón. Y en cada área en que Dios nos ha equipado, te ayudaremos a enfrentar las circunstancias que estás atravesando para que puedas ser el **victorioso vencedor** que Él planeó que tú seas.

La misión de los Ministerios Kenneth Copeland, es que todos nosotros crezcamos y avancemos juntos. Nuestra oración es que tú recibas el beneficio completo de todo lo que el SEÑOR nos ha dado para compartirte.

Dondequiera que te encuentres, puedes mirar el programa *La Voz de Victoria del Creyente* por televisión (revisa tu programación local) y por la Internet visitando es.kcm.org.

Nuestro sitio web: **es.kcm.org,** te brinda acceso a todos los recursos que hemos desarrollado para tu victoria. Y, puedes hallar información para comunicarte con nuestras oficinas internacionales en África, Asia, Australia, Canadá, Europa, Ucrania, y con nuestras oficinas centrales en Estados Unidos de América.

Cada oficina cuenta con un personal dedicado, preparado para servirte y para orar por ti. Puedes comunicarte con la oficina a nivel mundial más cercana a ti para recibir asistencia, y puedes llamarnos para pedir oración a nuestro número en Estados Unidos, 1-817-852-6000, de lunes a viernes de 9:30 am a 5:00 pm (Hora central).

Te animamos a que te comuniques con nosotros a menudo y ¡nos permitas formar parte de tu andar de fe de cada día!

¡Jesús es el SEÑOR!

Kenneth & Gloria Copeland

Kenneth y Gloria Copeland

www.ingramcontent.com/pod-product-compliance
Lightning Source LLC
Chambersburg PA
CBHW081226040426
42445CB00016B/1900